테슬라
WHY

테슬라
Why

노상규 지음

Organic Media Lab

테슬라

WHY

초판 1쇄 발행 | 2025년 2월 24일

지은이 | 노상규

펴낸이 | 윤지영
펴낸곳 | (주)오가닉미디어랩
주　　　소 | 서울 마포구 월드컵로28길 6, 3층 (성산동)
전자우편 | yun@organicmedialab.com
전화번호 | 070-4208-7212
팩　　　스 | 050-5320-7212

출판등록번호 | 제2015-000180호

ISBN 979-11-957168-6-9　(03320)

*본 연구는 서울대학교 경영연구소 연구비 지원에 의해 이루어졌습니다.

왜 테슬라인가?

테슬라에 관한 책을 내기로 결심한 이유는 10년 전《오가닉 비즈니스》
를 출간했던 때와 비슷하다. 당시 학교에서 주로 아마존을 사례로 강의
를 하고 있었는데, 나는 대부분의 학생이 아마존을 수많은 이커머스 기
업 중 하나로 여기는 것을 보고 충격을 받았다.[1] 아마존을 아는 일부 학
생들도 아마존 비즈니스의 본질(구조·작동 원리·프로세스)을 공부하기보
다는 추천 시스템처럼 유용하다고 생각하는 기능을 벤치마킹하는 데
주력하고 있었기 때문이다.

그때까지도 사람들은 온라인을 또 하나의 '공간'으로 생각하고 커머
스, 콘텐츠, 금융 등의 다양한 비즈니스를 시도하고 있었다. 플랫폼이라
는 개념의 이해도 여기서 크게 벗어나지 못했다. 하지만 아마존은 공간
이나 기능의 관점을 넘어 비즈니스의 구조 자체가 네트워크로 전환되
었다는 것을 한참 앞서 보여주고 있었다. 온라인에서 가치를 만드는 방
식이 완전히 달라졌다는 증거 자체였지만, 사람들은 보지 못했다. 단순

히 커머스에 대한 얘기가 아니다. 대표적으로 소개한 아마존을 비롯해 구글, 페이스북, 블록체인 등이 시사하는 바를 '오가닉 비즈니스'라는 개념으로 정리해서 책으로 낸 것이 10년 전이다.

그런데 지금, 여전히 같은 일이 벌어지고 있다. 최근에는 주로 테슬라 사례로 강의를 하는데, 놀랍게도 거의 모든 학생이 테슬라를 자동차(전기차) 제조업체 중 하나로 생각하는 것이다.[2] 이번에는 인터넷 시장을 훨씬 더 넘어선다. 자동차 제조업, 에너지, 로봇, 물류, 운송업은 물론이고 비즈니스 전 영역에 영향을 받지 않을 산업이 없다. 거대한 패러다임의 전환이 일어나고 있는데도 많은 사람이 아직 눈치채지 못하고 있다는 사실은 놀랍기만 하다. 아니, 어쩌면 놀랍지 않다. 기존의 비즈니스 구조와 사고의 틀을 통해서는 볼 수 없고, 이해할 수도 없는 일이 벌어지고 있기 때문이다.

게다가 각종 미디어가 심어 놓은 테슬라에 대한 잘못된 인식으로 테슬라 비즈니스의 본질을 놓치고 있는 것은 안타깝기 그지없다. 경영학이 어떻게 변모해야 할 것인지 테슬라는 이미 앞서 답을 보여주고 있다. 그런데 테슬라에 대한 선입견 때문에 보아야 할 것을 오히려 보지 못하고 시간은 지체되는 중이다. 이것이 이번에 《테슬라 Why》라는 책을 쓰기로 결심한 이유다.

이 글에서 나는 테슬라가 자동차 기업이 아닌 소프트웨어 기업, AI 기업,[3] 에너지 기업[4]이라고 말하려는 것이 아니다. 그보다는 테슬라가 어떻게 '모두가 망할 것이라고 하는' 환경에서 생존해 왔을 뿐 아니라 오히려 지속적이고 빠른 혁신과 확장을 할 수밖에 없는지, 어떻게 자동차 산업뿐만 아니라 수많은 산업에 영향을 미칠 수밖에 없는지, 그리고 테슬라 사례를 통해 비즈니스의 본질이 어떻게 바뀌었는지, 즉 훨씬 구조적인 부분을 이야기하려고 한다. 이에 영향을 받지 않을 산업은 없다.

테슬라는 아마존과 맥을 같이하지만 아마존을 뛰어넘는 비즈니스 구조·작동 원리·프로세스를 가지고 있다. 아마존의 경우 우리 산업에 큰 위협이 되지는 못했지만, 테슬라는 훨씬 더 광범위한 영역에서 큰 위협이 되고 있다. 일론 머스크(Elon Musk)는 이러한 비즈니스의 원리를 자동차뿐 아니라 에너지, 모빌리티, 물류, 배터리, AI, 생산, 우주, 통신, 반도체, 로봇, 의료 등의 광범위한 산업에 이미 적용하고 있다. 테슬라의 비즈니스를 모르고는 생존하기 어려운 세상이 된 것이다. 그렇기에 더욱더 테슬라에 대한 제대로 된 공부가 필요한 때다. 지금부터 10년간 차곡차곡 쌓은 테슬라에 대한 이야기를 풀어 보려고 한다. 2016년 출간된 《오가닉 비즈니스》의 살아 있는 증거이자 버전 2.0이 될 것이다.

차 례

II PRODUCT | 네트워크가 제품이다

III | ORGANIZATION | 고객이 직원이다

IV PROCESS | 진화하지 않으면 죽는다

V BUSINESS | 무한 규모로 확장된다

I
PARADIGM

테슬라는
자동차 기업이
아니다

테슬라 웨이, 오가닉 비즈니스 2.0

"테슬라는 (Space X를 제외한) 모든 운송 관련 회사를 합친 가치를
넘어설 수 있게 될 것이라고 생각합니다."[1]
—일론 머스크

《오가닉 비즈니스》에는 테슬라 사례도 등장하지만 주로 아마존, 구글, 페이스북 등을 다뤘다. '오가닉 비즈니스'를 작은 연결로 가치를 만들고, 그 연결을 기반으로 더 큰 연결을 만드는 것이라고 정의했을 때, 사람들은 온라인 회사라서 가능하지 않은가 반문했다. 그동안 국내의 은행, 커머스, 블록체인, 제조업에 이르기까지 오가닉 비즈니스를 경영에 적용하고자 하는 각 분야의 많은 경영인을 만났다. 오가닉 비즈니스는 업의 본질에 관계없이 모든 기업이 가야 할 방향이 되었기 때문이다.

그로부터 10년이 지난 지금, 이 책은 온전히 테슬라 사례에만 집중하고 있다. 아니, 테슬라 웨이(Tesla way)가 오가닉 비즈니스 2.0을 만든 것이다. 이제는 소프트웨어 회사도, 온라인 회사도 아닌 이른바 제조업, 그것도 혁신이 쉽지 않은 자동차 기업이 상상할 수 없는 속도로 혁신을 이루고 있다. 곧 그 영향을 받지 않을 분야가 없을 정도로 영향의 범위도 속도도 빨라지고 있다.

도대체 어떻게 이런 일이 가능한가? 테슬라가 만든 '테슬라 웨이'가 무엇인지 먼저 이해해야 할 것이다.

테슬라는 곧 망한다

"단차(panel gap)가 없으면 테슬라 정품이 아니다"는 테슬라 소유주들의 자조 섞인 농담이다. 단차에서부터 안전성 논란, 일론 머스크의 망언, '테슬라, 곧 망한다'에 이르기까지 테슬라만큼 뉴스에 많이 나온 기업은 없다. 사람들은 대부분 언론에 비친 테슬라는 알지만 테슬라의 비즈니스 본질에 대해서는 문외한이다. 알려 주려고 해도 듣고 싶어 하지 않고, 각자가 믿는 바에 갇혀 있으니 편견이 얼마나 무서운지 절감하고 있다.

그런데 사실부터 보자. 테슬라의 매출, 이익, 현금 흐름의 규모와 성장세는 무섭다. 테슬라의 매출은 지난 10년간 연평균 55% 이상 성장해, 2023년에는 한화로 125조 원 규모였다.* 이미 기아차를 넘어섰고, 곧 현대차를 넘어설 것으로 보인다. 더 놀라운 것은 영업이익의 성장세다. 2020년 흑자로 전환한 뒤 연평균 1.6배 이상으로 성장하고 있다. 2023년 영업이익이 12조 원, 잉여현금흐름(free cash flow)은 6조 원에 이른다.

더욱 무서운 사실은 이 성장세가 당분간 지속될 것이라는 점이다. 이

* 2023년 말 기준 원 달러 환율 1300원 적용.

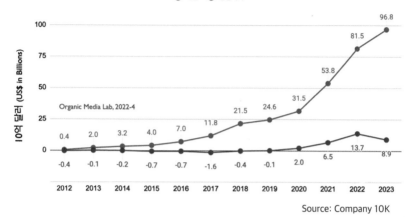

테슬라의 매출 및 영업이익

● 매출 ● 영업이익

10억 달러 (US$ in Billions)

Organic Media Lab, 2022-4

	2012	2013	2014	2015	2016	2017	2018	2019	2020	2021	2022	2023
매출	0.4	2.0	3.2	4.0	7.0	11.8	21.5	24.6	31.5	53.8	81.5	96.8
영업이익	-0.4	-0.1	-0.2	-0.7	-0.7	-1.6	-0.4	-0.1	2.0	6.5	13.7	8.9

Source: Company 10K

지난 10년간 테슬라의 매출은 연평균(CAGR) 55% 이상 성장했다. 당분간 연평균 40% 이상 성장을 목표로 하고 있다.

러한 성장은 당연히 누군가의 시장점유율이 급격히 줄어든다는 이야기이기도 하다. 이 글에서는 자동차라는 하드웨어를 제조하는 테슬라가 어떻게 이러한 성장세와 이익률을 만들어 낼 수 있는지, 그 비즈니스의 본질을 먼저 파헤쳐 보려고 한다. 우리는 이것을 '테슬라 웨이'라고 명명했다.

테슬라의 혁신, 창조적 진화

테슬라 웨이에 관해 이해하려면, 다른 자동차 기업과 어떻게 다른지 몇 가지 다소 충격적인 사례를 먼저 살펴볼 필요가 있다.

일반적으로 자동차 부품은 모델이나 연식이 바뀔 때 교체되거나 개선되는 것이 상식이다. 하드웨어 설계가 완료된 이후에는 문제가 없는 한 변경하지 않는 것이 당연시된다. 하지만 테슬라에서는 하드웨어의 교체 주기가 상상을 초월한다. 예를 들어, 모델 S는 매주 평균 27개의 부품이 교체되거나 개선된다.[2] 얼핏 들으면 말이 안 되는 것 같지만, 실제로 이러한 일이 모든 차종에서 일어나고 있다. 부품이 변경된 차들이 형식승인(homologation)을 받고 바로 고객에게 인도되기 위해 출고된다. 이렇게 지속적으로 개선한 결과, 1년 전의 차와 지금의 차는 겉모습은 같지만 속은 완전히 다르다(심지어 조금 전에 출고된 차와 지금 출고되고 있는 차도 다르다).

아예 처음부터 최대한 완벽하게 만들면 될 일이지 부품 교체를 이렇게 자주 할 수밖에 없는 것도 문제가 아니냐고 반문하는 사람들도 있다. 자동차 제조에서 '완벽'이 과연 가능한가? 기준은 무엇인가? 제조 공정·비용·안전성 등 모든 것은 지속적으로 개선될 수밖에 없고, 개선되어야 한다. 다만 자동차 제조는 개선의 속도가 느릴 수밖에 없다는 것은 고정관념이다. 이것이 사고의 틀이다.

이는 테슬라 진화의 원리가 기존 상식으로 알고 있던 하드웨어 산업의 원리와 완전히 다르다는 것을 이해하지 못하기 때문에 생기는 선입견이다. 하드웨어 교체 주기가 이렇게까지 짧아지는 것을 가능하게 하는 '원리'가 있다는 것을 상상하지 못하기 때문이다. 테슬라가 살아 있는 생명체처럼 조직 관점, 데이터 관점, 고객 관점, 문제 해결 관점에서 작동하고 있다는 것을 모르기 때문이다. 이에 대해서는 이 책 전체를 통해 자세히 다룰 예정이므로 지금은 다소 충격적이고 상식을 벗어나는 몇 가지 사실을 받아들이는 것에만 집중해도 좋겠다.

일반적으로 자동차 회사의 임원은 생산 수율을 높이기 위해 연장을 들고 생산 라인을 직접 돌아다니지 않는다. 하지만 일론 머스크는 2018년 이른바 '생산 지옥'을 겪을 때 프리몬트 공장에서 숙식하며 생산 라인의 문제를 직접 해결했다.[3] 머스크를 만나고 싶으면 가장 정체가 심각한 생산 단계에 찾아가면 된다고 할 정도였다. 그럼 이것이 일시적인 이벤트였을까? 그렇지 않다. 테슬라에는 경영진(management)과 직원(worker)의 구분이 없다.[4] 모두가 직원이다. 테슬라의 모든 차량을 디자인한 프란츠 폰 홀츠하우젠(Franz von Holzhausen)도 분기 말에 차량을 인도하는 일손을 돕기 위해 고객에게 직접 차량을 인도하기도 했다.[5]

그뿐 아니라 대부분의 자동차 회사는 주행 보조 시스템의 안전성을 높이기 위해 라이다(LiDAR)를 비롯한 센서를 많이 집어넣는다. 하지만 테슬라는 처음부터 라이다를 사용하지 않았을 뿐 아니라 2021년 주행 보조 시스템에 사용되는 레이더(radar)도 제거했다.[6] 이때 대부분의 언론이 원가를 절감하기 위해 차량의 안전을 저해하는 결정을 내렸다고 비판했다. 하지만 알려지지 않았고, 아무도 주목하지 않은 사실이 있다. 레이더와 카메라의 신호 불일치로 발생하는 위험을 오히려 줄이기 위해 내린 의사 결정이었다. 심지어 이러한 결정을 내린 후 레이더를 없애더라도 비전만으로 충분히 안전하다는 검증까지 3개월 안에 마치고 레이더를 제거한 것이다.[7] 현재는 레이더가 장착된 차량들도 주행 보조 시스템에서 레이더를 더 이상 사용하지 않는다. 전통적인 자동차 기업에서는 이야기도 꺼내기 어려운 일을 3개월 만에 끝낸 것이다.

　말도 안 된다고 생각하는 분들도 있을 것이다. 하지만 실제로 일어난 일들이고, 이런 일들이 어쩌다 한 번 일어난 것이 아니라 테슬라의 일상이라는 것이 수많은 사례로 입증되고 있다.

테슬라의 제품, 살아 있는 네트워크

위의 사례만 보아도 테슬라는 기존 자동차 기업과 다르다는 것을 알 수 있지만, 무엇보다 생산하는 차량도 기존 자동차와는 다르다. 전기차이기 때문에 다르다는 것이 아니다. 4년 전에 인도받은 내 차도 지금 공장에서 출시되는 다른 차와 함께 진화하기 때문이다. 고객에게 이미 인도된 차도 소프트웨어 업데이트를 통해 시간이 지나면서 더욱 안전해지고, 편리해지고, 효율적이 된다. 하드웨어적으로는 많은 변화가 있지만 소프트웨어는 동일하다. 4년 전에 출고된 차가 올해 출고된 차와 크게 다르지 않은 것이다. 기존 자동차에서는 상상도 못할 일이다.

　테슬라를 우리가 가지고 있는 기존의 틀로 분석하고 벤치마킹하는 것은 의미 없는 일이다. 그렇다면 테슬라를 어떠한 관점에서 보아야 할까? 2015년, 일론 머스크는 다음과 같은 이야기를 했다.

> "테슬라의 전 차량은 네트워크로 작동합니다. 한 차량이 무엇인가를 배우면 전 차량이 그것을 배웁니다. (The whole Tesla fleet operates as a network. When one car learns something, the whole

fleet learns something.)"[8]

SF에나 나올 법한 이 이야기는 테슬라의 제품, 비즈니스 구조, 프로세스에 대한 관점을 그대로 드러낸다. 테슬라는 자동차를 만드는 회사가 아니라 자동차의 네트워크를 만드는 회사다. 마치 페이스북(현 메타)이 페이스북 앱을 만드는 회사가 아니라 친구의 네트워크를 만드는 회사인 것과 유사하다. 이렇게 네트워크를 만드는 기업은 전통적인 기업과 다르게 동작한다.

첫째, 대부분의 가치가 소프트웨어적으로 전달된다. 물론 소프트웨어를 작동시키기 위한 하드웨어가 필요하지만, 핵심 경쟁력은 하드웨어가 아니라 소프트웨어에서 나온다.

둘째, 고객과 함께 가치를 만든다. 고객이 우리가 만든 제품을 판매하는 데 입소문을 내준다는 이야기가 아니다. 고객이 기업의 본질적인 가치를 만드는 데 매우 핵심적인 역할을 한다는 것이다. 이에 대해서는 3부 〈Organization: 고객이 직원이다〉에서 자세히 다룬다.

우리는 이러한 비즈니스를 오가닉 비즈니스라 부른다.[9] 오가닉 비즈니스, 즉 살아 있는 네트워크에 기반한 비즈니스란 "고객과 함께 네트워크를 만들고, 이 네트워크를 자산으로 더 큰 네트워크를 만드는" 비즈니스다. 테슬라는 고객과 함께 자동차의 네트워크를 만들고, 이 네트워크를 기반으로 모든 차량을 더 안전하고, 편리하고, 효율적으로 진화시켜 더 큰 규모의 자동차 네트워크로 확장하고 있다.[10]

오가닉 비즈니스는 다음의 그림처럼 네트워크가 제품이라는 관점의

오가닉 미디어/비즈니스/마케팅의 선순환

2016년에 발표했던 오가닉 비즈니스 선순환 스키마. 제품, 업무 방식, 그리고 조직의 관점 모두를 변화시켜야만 네트워크 중심적 사고로의 전환이 가능하다는 내용을 함축하고 있다.

변화에 머무는 것이 아니라 업무 방식과 조직에 대한 관점의 변화도 함께 수반되어야 한다. 업무 방식은 예측이 불가능한 시장과 환경의 변화에 끊임없이 적응하고 진화하는 방식이다. 상투적으로 그런 정신으로 일해야 한다는 말이 아니다. 테슬라에서는 구체적으로 매일의 업무 방식과 결과물에서 드러난다. 조직은 더 이상 고객이 고객으로 머무는 것이 아니라 직원의 역할을 하는 새로운 형태의 조직으로 변화할 수밖에 없다. 테슬라의 네트워크는 오가닉 비즈니스가 갖는 세 가지 본질적 변화를 극단적으로 보여주고 있다.

첫째, 고객과 함께 협업하여 학습(learning)한다.[11] 레이더를 3개월 만에 없앨 수 있었던 것은 고객의 차량으로부터 문제를 발견하고, 고객의 차량을 이용하여 학습에 필요한 데이터를 수집하고, 수집된 데이터를 이용하여 개발된 새로운 소프트웨어를 고객의 차량을 이용하여 검증하는 프로세스가 있었기 때문이다.

둘째, 생각의 속도로 빠르게(agile) 혁신한다.[12] 1주일에 스물일곱 번 하드웨어 부품을 교체하거나 개선할 수 있는 것은 아이디어로부터 제품 적용에까지 걸리는 시간의 단위, 즉 혁신 사이클이 3시간이기 때문에 가능하다. 애자일 방법을 적용하는 소프트웨어 기업의 경우 이 사이클이 길게는 2주, 짧게는 하루인데 하드웨어 기업에서 3시간인 것은 경이롭다.

테슬라는 더 좋은 자동차를 만드는 것이 목적이 아니라 고객과 함께 더 가치 있고 더 큰 규모의 자동차 네트워크로 진화하고 성장하는 것이 목적이다. 따라서 전통적인 기업과는 다른 비즈니스 구조와 프로세스를 가진다.

셋째, 그 결과 무한 규모로 확장할 수(scalable) 있다.[13] 테슬라는 지난 10년간 연평균 55% 성장해 왔지만, 앞으로도 10년간 연평균 40% 성장을 목표로 하고 있다. 매출 100조 규모의 기업이 연평균 성장률을 40% 이상 유지한다는 것은 기존의 하드웨어 제조업체 관점에서는 상상도 할 수 없다. 하지만 테슬라는 이를 큰 어려움 없이 달성할 것으로 보인다. 이는 네트워크의 규모가 커지면 커질수록 더 큰 가치를 제공하고, 원가 구조는 더욱 좋아지는 원리 때문이다.

이어지는 글들을 통해 이 세 가지 변화를 깊게 알아보게 될 것이다. 이를 위해 먼저 기하급수적 성장이란 무엇인지, 정확하게 그 의미를 이해할 필요가 있다. 만약 기하급수적 성장을 '크게' 성장한다 정도로 생각하고 있다면, 지수함수의 속성을 아직 이해하지 못하고 있는 것이다. 그런 기업들이 대부분 '지수함수의 저주'에서 오히려 헤어나오지 못하고 기하급수적 성장에 도달하지 못하는 이유다.

테슬라의 기하급수적 성장과 저주

네트워크 효과, 바이럴 확산, 승자 독식, 플랫폼은 이제 시장에서 흔한 용어가 되었다. 이러한 특징을 가진 비즈니스 모델을 설계할 때 공통적인 꿈이 있다. 바로 '기하급수적' 성장(exponential growth)이다. 테슬라와 아마존과 같이 시장에서 기하급수적인 성장을 입증한 사례도 많다. 자연스럽게 '내 비즈니스도 언젠가는 기하급수적으로 성장하겠지' 하는 막연한 기대도 누구나 가지고 있을 것이다.

그런데 기하급수적 성장이란 무엇인가? '기하급수적'이란 어느 정도를 의미할까? 우리는 지수함수(exponential function)에 대해 얼마나 정확히 이해하고 있는가? 대부분은 직관적으로 막연히 '큰 성장'이 기하급수적 성장이라고 생각한다. 우리의 사고 체계가 상식에 기반하기 때문이다.

그런데 바로 이 지수함수에 대한 잘못된 이해가 비즈니스에서 결정적인 오류를 범하게 한다. 예를 들어 50만 대의 차를 파는 기업이 연평균 50%씩 성장한다고 가정해 보자. 10년 후에는 몇 대를 팔 것이라고 생각되는가? 아마 대부분의 사람은 몇 백만 대 수준이라고 생각했을 것이다. 하지만 수학적인 답은 수백만 대가 아니라 무려 2883만 대다 (500,000×1.5^{10}). 우리는 직관과 상식으로 추측하지만, 지수함수를 적용한 결과는 대부분 우리의 상식을 크게 벗어난다.

　지수함수가 만드는 기하급수적 성장이 의미하는 바를 이해하지 못하면, 이 책을 다 읽고도 '테슬라 웨이'가 어디까지 영향을 미치는지 알아채지 못할 것이다.

지수함수의 저주

나는 강의나 코칭 과정에서 이런 사례를 수없이 보면서 이것을 '지수함수의 저주(Curse of the Exponential)'라고 이름 붙이게 되었다. 상식에 기반한 오류에서 출발하기 때문에 이미 지수함수의 저주에 빠져 있는지조차 인지하지 못하게 되는 것이다. 이 글에서는 지수함수의 저주가 어떻게 일어나는지 세 가지 관점에서 살펴보고, 어떻게 하면 저주에서 풀려날 수 있는지도 결론에서 언급하려고 한다.

첫째, 경쟁 상대에 대한 과소평가

첫 번째 저주는 경쟁 상대를 터무니없이 과소평가하게 만든다는 것이다. 기하급수적 성장을 해온 대표 기업은 먼저 아마존이다. 2003년 매출액을 보면 월마트는 2316억 달러, 아마존은 53억 달러였다. 그런데

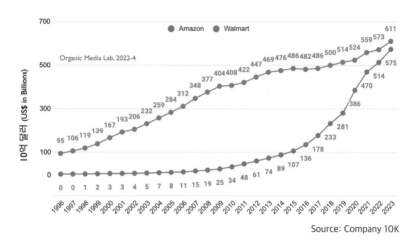

아마존과 월마트의 매출 성장 (1996~2023)

10년 전에 아마존이 월마트를 넘어설 것이라고 하면 아무도 믿지 않았다.

아마존은 지난 20년간 연평균 26%, 최근 10년은 22% 성장했다(이에 비해 월마트는 각각 8%, 2%의 성장을 기록했다). 20년 전 월마트의 50분의 1밖에 안 되던 기업이 10년 전에는 6분의 1까지, 현재는 턱밑까지 쫓아왔다. 월마트와 같은 기업은 어떤 우를 범하고 있는 것일까?

우리의 직관은 미래를 예측할 때 과거의 성장곡선에 우리를 묶어 둔다. 10년 후에 기껏 3~4배 성장할 것으로 판단한다. 도표로 설명하자면 다음과 같다. 다음 페이지의 도표는 2010년에 1만 대도 채 안 되는 차를 판 기업이 매년 50%씩 성장하는 것을 가정하여 그린 것이다. 실제로 2020년에 50만 대를 팔았다면, 함수적으로 2030년에는 2883만 대를 팔게 된다. 그럼에도 대부분의 사람들은 선형적인 성장(적색 점선)

지수함수의 저주: 경쟁 상대에 대한 과소평가

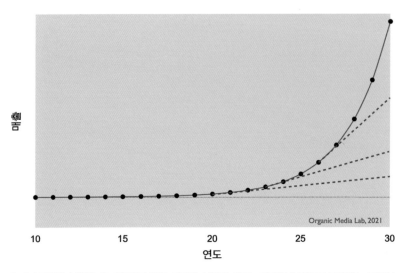

우리의 직관은 선형적 사고에 갇혀 있다. 이러한 선형적 사고는 기하급수적으로 성장하는 경쟁사를 과소평가하는 결과를 가져온다. 대부분의 자동차 제조업체가 테슬라를 찻잔 속의 태풍으로 평가했다.

에서 크게 벗어나지 못할 것이라고 예측한다. 그러니 상대의 위협을 과소평가해서 대응의 시기를 놓치게 될 뿐 아니라 틈새(niche) 제품으로 간주하는 우를 범하기 쉽다.

실제로 2014년 3만여 대를 인도한 테슬라가 2020년에 50만 대 인도를 목표로 한다고 2015년 8월에 발표했을 때, 전통 언론들은 모두 비웃었다.[14] 하지만 테슬라는 2020년에 50만 대를 실제로 인도했다(5년간 연평균 성장률 약 58%).

그렇다면 지난 5년간 숫자로 입증된 테슬라의 성장 추이를 지켜본

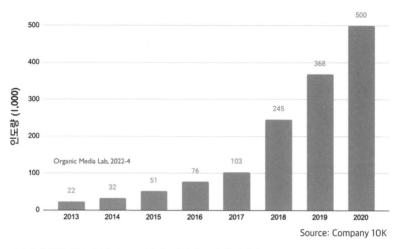

테슬라 연도별 인도량 (2013~2020)

인도량 (1,000)

Organic Media Lab, 2022-4

| 2013 | 2014 | 2015 | 2016 | 2017 | 2018 | 2019 | 2020 |

22　32　51　76　103　245　368　500

Source: Company 10K

테슬라의 차량 인도 대수는 2015년부터 5년 만에 10배가 되었다.

경쟁사들은 예측을 바꾸게 되었을까? 테슬라의 기하급수적 성장을 예측하게 되었을까? 아니다. 테슬라는 2030년 2000만 대 인도를 목표로 한다고, 50만 대 인도를 달성한 2020년에 발표했지만(2020년 인도량 기준으로 연평균 성장률 45%),[15] 이 목표가 달성될 것이라고 믿는 전통 언론이나 자동차 제조사(OEM)는 없었다. 그렇기 때문에 2020년대 중반이면 대부분의 OEM들이 전기차 인도량에서 테슬라를 넘어설 수 있을 것이라고 믿었다.[16] 안타깝게도 이것이 지수함수의 저주다. 물론 2030년이 되면 누가 옳았는지 알 수 있을 것이다. 하지만 이것이 입증되는 10년의 세월 동안 경쟁사들은 너무나 큰 위험에 노출되거나 잘못된 의사 결정으로 이미 돌이킬 수 없는 길을 간 다음이 된다.●

둘째, 영향에 대한 과소평가

두 번째 저주는 상대의 기하급수적 성장이 자신의 비즈니스에 미칠 영향을 과소평가하는 경향이다. 아래는 선두 기업의 제품이 기존 기업의 제품을 대체하는 경우를 예시로 그린 것이다. 도표에서 보면 기존 기업의 판매 대수(적색 점선)가 기하급수적으로 감소하고 있다. 그런데 대부

지수함수의 저주: 영향에 대한 과소평가

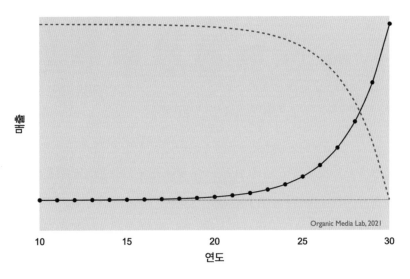

선형적 사고는 기하급수적으로 성장하는 경쟁사가 시장과 내게 미치는 영향을 과소평가한다. 실제로는 내연기관차의 판매가 기하급수적으로 감소할 수밖에 없다. 이미 중국 시장에서 이러한 현상이 나타났다.[17]

• 상대를 과소평가하는 저주는 다른 형태로도 나타난다. 투자 대상의 주가가 터무니없이 높다고 생각해서 항상 투자 시점을 잡지 못하는 예도 그렇다. 항상 '작년에 살걸' 하면서 후회만 하게된다. 하지만 실제로 연 50%씩 성장한다면 주가가 과소평가되어 있을 가능성이 훨씬 높다(예를 들어, 주가를 미래 현금 흐름의 할인가로 계산했을 때).

분의 기업은 상대가 기하급수적 성장을 하더라도 자신의 기존 비즈니스가 서서히 줄어들 것이라고 판단한다. 따라서 대응할 시간과 자본이 충분하다고 생각한다. 하지만 기존 비즈니스의 급격한 감소는 대응할 시간도 줄이지만, 기업의 현금 흐름을 급격히 악화시킬 수밖에 없다. 투자자의 경우도 기존 기업이 변화에 충분히 대응할 시간과 자본이 있다고 생각하고 의사 결정을 한다. 그러나 모두 알고 있는 것처럼, 아마존 때문에 많은 대형 소매점이 문을 닫았다(우리나라에도 유사한 일이 벌어지고 있다).

같은 관점에서, 테슬라가 기존 제조사에 미치는 영향에 대해 전통적인 언론이나 제조사는 어떻게 생각하고 있을까? BloombergNEF의 2021년 예측에 따르면,[18] 전기차 점유율이 2030년에는 29%, 2040년에는 70%에 달할 것이며, 대부분의 제조사는 2030년까지 전기차 생산 비율 40~50% 달성을 목표로 하고 있다.[19] 하지만 이러한 목표나 예측에는 잘못된 부분이 있다. 자사의 전체 인도량이 줄지 않을 것이라는 가정이다.

예를 들어 현재 1000만 대를 인도하는 기업이 2030년에 전기차 비율 50%를 목표로 삼는다면 적어도 전기차 500만 대, 내연기관차 500만 대를 인도하는 것으로 생각한다는 것이다. 하지만 테슬라를 필두로 하는 전기차 스타트업들이 전체 시장에서 3000만 대(시장점유율 30%)를 인도한다면, 평균적으로 인도량이 30% 줄어 전체 인도량이 700만 대로 감소하게 된다. 문제는 대부분의 감소가 내연기관차에서 일어날 가능성이 높다는 것이다. 즉 전기차 500만 대, 내연기관차 200만 대를 인도할 가능성이 높아진다.

　이렇게 되면 이익을 내던 내연기관차 부문은 손실로 돌아서게 되고, 전기차는 여전히 이익을 내지 못하는 상황이 되어 현금 흐름이 급격히 나빠질 수밖에 없다. 게다가 내연기관차에서 전기차로 옮겨 가야 한다는 것을 알고 있는 고객들은 이 과도기에 내연기관차를 한 번 더 구입하는 의사 결정을 내리기보다 신차 구매 시기를 최대한 늦출 것이다. 결과적으로 내연기관차 판매 감소를 더욱 가속화할 수밖에 없는 환경적 요인이다. 그러나 이런 상황에도 일부 전통 제조사는 아직 시간이 많이 남아 있다고 생각한다.[20]

셋째, 자신에 대한 과대평가

세 번째 저주는 자신(또는 제2의 ○○○)에 대해서는 과대평가를 한다는 것이다. 지수함수의 마지막 저주다. 상대가 기하급수적으로 성장하는 모습을 보면서 자신도 그렇게 할 수 있다는 꿈을 꾸게 된다. 그래서 2~3년 후면 이른바 J 곡선(다음 도표의 적색 점선)을 그릴 수 있다고 생각하게 된다. 그러면서 선두 주자가 현재에 이르기 위해 10여 년의 노력과 자산을 쌓아 왔다는 사실은 간과하게 된다. 설사 앞서가고 있는 기업이 눈에 보이는 기하급수적 성장을 하기 직전이라고 하더라도, 현재의 작은 규모의 판매량·매출액에 가려 10년의 노력과 자산이 보이지 않기 때문이다. 투자자 입장에서도 제2의 ○○○가 쉽게 따라 갈 수 있을 것으로 생각하는 우를 범한다. 하지만 제2의 아마존은 나오지 않았다.

　전기차 시장의 플레이어들은 어떨까? 기존 자동차 OEM들은 목표

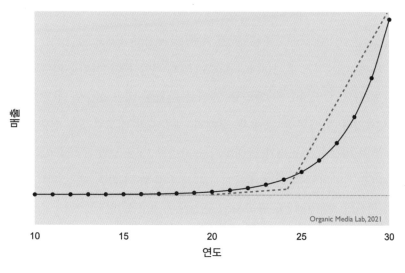

지수함수의 저주: 나에 대한 과대평가

품질

연도

10   15   20   25   30

Organic Media Lab, 2021

기하급수적 성장은 오랜 기간의 자산(제품·프로세스·구조 등) 축적이 있어야 가능하다. 대부분의 기존 자동차 제조사는 단기간에 테슬라를 추월할 수 있을 것이라고 잘못 판단했다.

대로 전기차를 생산할 수 있을까? 예를 들어 2020년에 전체 생산량 중 25만 대(2~3%)가 전기차인 기업이 2030년에 500만 대(50%)의 전기차를 생산할 수 있을까? 즉, 연평균 성장률 35%를 유지할 수 있을까? 2021년에 폭스바겐 그룹[21]이나 GM[22]이 2025년을 기점으로 테슬라를 넘어서는 것을 목표로 세웠지만, 그럴 가능성은 매우 희박해 보인다.

저주에서 풀려나려면

그렇다면 지수함수의 저주에서 풀려나려면 어떻게 해야 할까? 우선 기하급수적 성장이 일어나는 원리와 결과를 제대로 이해해야 한다. 기하급수적 성장이 일어나려면 다음의 세 가지 성장 엔진이 필요하다(이에 대해서는 5부 〈Business: 무한 규모로 확장된다〉에서 더 자세히 설명한다).

첫째, 네트워크 효과(Network Effects)가 커야 한다. 아마존이나 테슬라는 규모가 커질수록 더욱 큰 가치를 만들어 내는 선순환 구조를 가지고 있다. 아마존은 판매자, 구매자, 개발자의 네트워크가 선순환을 이루며 네트워크 효과가 극대화되는 구조를 가지고 있다. 테슬라는 네트워크 기반의 플릿 러닝(Fleet Learning)을 통해 더 많은 자동차를 팔수록 혁신의 속도가 더욱 빨라지는 구조를 가지고 있다.

둘째, 한계비용 0을 기반으로 무한 규모의 경제(Economies of Infinite Scale)를 달성할 수 있어야 한다. 아마존이나 테슬라는 소프트웨어와 네트워크를 중심으로 실질적인 한계비용을 0으로 만든 기업이다. 기존 기업과는 비교할 수 없는 규모를 달성할 가능성을 가지고 있다. 테슬라는 자동차를 만드는 기업이기 이전에 자동차 OS를 만드는 기업이고, 자동차의 네트워크를 만드는 기업이다. 하드웨어가 가져오는 규모의 경제와 소프트웨어·네트워크가 가져오는 무한 규모의 경제는 차원이 다르다.

셋째, 바이럴 확산을 중심으로 성장해야 한다. 아마존이나 테슬라는 고객이 영업사원이다. 마케팅·광고 비용을 쓰는 대신 압도적으로 우월한 제품·서비스를 만든다. 테슬라 오너들은 자신의 경험에 대해 끊임없이 말하고 싶어 한다. 지인에게, SNS에서, 유튜브로 놀라운 경험을 지속적으로 알리고 있다. 테슬라 수요를 기하급수적으로 늘리는 데 결정적 역할을 하는 주인공들이다. 바이럴 확산이 잘되도록 마케팅 전략을 짜라는 것이 아니다. 바이럴 확산의 핵심은 제품 자체다. 제품이 광고다.

이 세 가지 조건을 만족하는 기업은 흔치 않다. 이 조건들을 갖추지 못했다면 기하급수적 성장의 꿈에서 깨어나야 하고, 이런 기업이 경쟁자라면 현실을 직시하는 것만이 살길이다. 우선 네트워크 효과, 한계비용 0 기반 규모의 경제, 바이럴 확산에 대해 제대로 이해하고 보는 눈을 키워야 한다. 그리고 선두 기업이 이 세 가지를 성장 엔진으로 갖추고 있는지, 이들의 선순환이 일어나고 있는지 알아야 한다. 만약 그렇다면 선두 기업을 뛰어넘는 일은 거의 불가능에 가깝다.

지금까지 지수함수의 세 가지 저주, 그리고 저주에서 풀려나기 위한 세 가지 능력(조건)에 대해 간단히 언급해 보았다. 오래된 저주에서 한 번에 풀려나기는 어려울 것이다. 그러나 지수함수의 저주를 먼저 인지하고, 벗어나기 위해 관점을 전환하고, 세 가지 능력을 점차 키우는 것만이 저주에서 벗어나는 유일한 길이 될 것이다. 이 책에서 자세히 다룰 내용이다.

이 저주에 걸린 많은 기업이 테슬라의 기하급수적 성장을 알아볼 수 없었고 대비할 수 없었으며, 아직도 풀려나지 못하고 있다. 테슬라의 혁신을 겉모습만 보고 벤치마킹하려고 하면 할수록 기하급수적 성장에서 점점 더 멀어진다.

테슬라의 소프트웨어 중심 경영

폭스바겐을 비롯한 모든 자동차 기업이 이른바 소프트웨어 중심의 자동차(Software Defined Vehicle)를 만들기 위해 많은 시간과 자원을 투입하고 있다. 예를 들어 폭스바겐은 소프트웨어 개발 자회사를 설립하여 6000명이 넘는 개발자, 엔지니어, 디자이너를 소프트웨어 개발에 투입하고 있다.[23] 하지만 현재까지의 결과는 기대에 훨씬 미치지 못한다. 2023년 5월에 자회사 CEO를 교체하고 2026년 목표였던 통합 OS 등의 개발을 2년 늦추는 등 개발에 어려움을 겪고 있음이 드러나고 있다.[24]

최근에는 포드의 CEO 짐 팔리(Jim Farley)도 소프트웨어 개발의 어려움을 토로했다.[25] 소프트웨어 개발은 왜 어려운 것일까? 자동차 회사에도 어렵지만 심지어 앱 개발 등 소프트웨어가 주력 비즈니스인 기업에 이르기까지, 소프트웨어 개발은 쉬운 일이 아니다. 왜 그럴까?

결론부터 말하자면, '소프트웨어 중심적 사고(Software-centric Thinking)'를 하지 않기 때문이다. 테슬라와 같은 오가닉 비즈니스는 소프트웨어 중심적 사고 없이는 실현이 불가능하다. 소프트웨어를 직접 개발하든, 기존 비즈니스에 접목하든, 소프트웨어 개발 회사를 만들든, 모두 마찬가지다. 소프트웨어 중심적 사고 없이 소프트웨어를 회사에 도입한다면 아무리 뛰어난 엔지니어를 고용한다고 해도 실패할 수밖에 없다.

그렇다면 소프트웨어 중심적 사고란 무엇인가? 지금부터 제품·조직·프로세스·비즈니스라는 네 가지 관점을 통해 소프트웨어 중심적 사고가 무엇인지 알아보고, 전통적인 비즈니스(하드웨어 중심) 관점과 어떻게 다른지 이해하는 시간을 갖는다. 가장 대표적인 사례로서 테슬라는 어떻게 소프트웨어 중심적 사고를 기반으로 오가닉 비즈니스를 일구고 있는지 알아보고 시사점을 정리한다.

제품 관점: OS 중심의 제품

자동차와 같은 하드웨어는 일반적으로 구매자에게 인도된 후에는 개선이 거의 불가능하다. 구매자에게 인도하는 것까지가 생산의 목표가 될 수밖에 없다. 이것이 하드웨어 중심의 사고다. 반면, 소프트웨어 중심의 제품은 판매된 이후에도 업데이트를 통해 기능의 개선이나 (기획 시점에는 상상도 못했던) 다양한 기능의 추가가 가능하다. 어쩌다 한 번씩 업데이트하면서 결함을 보완하는 것이 아니라, 반대로 제품을 판매한 다음부터, 차량을 인도한 다음부터 본격적으로 가치를 전달하는 프로세스가 시작되는 것이다.[26]

스마트폰에서 운영체제를 업데이트하거나 앱을 설치함으로써 같은 하드웨어이지만 더 가치가 높아지는 것이 대표적인 사례다. 테슬라의 자동차도 그렇다. 센트리 모드,[27] 애견 모드,[28] 줌,[29] 라이트 쇼,[30] 내비게이션,[31] 블라인드 스팟 카메라,[32] FSD[33] 등 짧게는 2주에 한 번씩 되는 업데이트는 테슬라 차주들에게는 선물과 같다. 실제로 지난 4년간의 업데이트를 통해 내가 고객으로서 느껴온 점이기도 하다.[34] 하드웨어적으로는 동일한 자동차이지만 더욱 안전하고, 편리하고, 재미있는 차가 되었다.

이러한 차원의 소프트웨어 업데이트가 가능하기 위해서는 자동차가 PC나 스마트폰과 같은 제품 구조(architecture)를 가져야 한다. 즉 자동차가 바퀴 달린 컴퓨터가 되어야 한다는 것이다. 컴퓨터에서 가장 핵심적인 요소는 운영체제(OS)다. OS가 자동차의 핵심이 된다는 것은 자동차 하드웨어의 아키텍처가 기존과는 차원이 달라진다는 것이다. 기존 자동차는 150여 개의 독립적인 모듈(예를 들어 시트 컨트롤 모듈, 바디 컨트롤 모듈)로 구성되어 있다.[35] 서로 다른 공급업체가 개발한 모듈들은 제각기 다른 반도체 칩과 소프트웨어가 있는 구조여서, 이들을 소프트웨어 중심으로 통합하는 것은 현실적으로 불가능하다. 이는 이전의 피처폰과 여러분의 스마트폰의 아키텍처가 얼마나 다를지를 상상해 보면 알 수 있다.

하드웨어 중심 제품이 소프트웨어 중심 제품으로 진화하면 시장은 OS를 중심으로 재편된다. OS를 중심으로 재편된 시장에는 대부분 2~3개의 대안이 존재한다. 예를 들어 PC 시장은 마이크로소프트의 Windows와 애플의 MacOS, 스마트폰 시장은 구글의 안드로이드와 애플의 iOS 정도다. 이는 OS의 경우 무한 규모의 경제가 작동하고 승자가

테슬라는 바퀴 달린 컴퓨터다

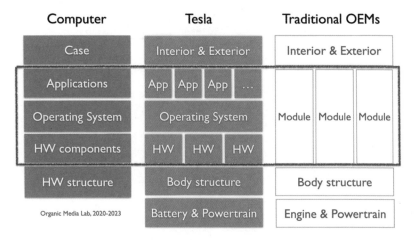

테슬라의 구조는 전통적 자동차보다는 컴퓨터의 구조에 더 가깝다.

독식하는 구조이기 때문이다. 현재 자동차 시장에서는 테슬라가 독보적으로 앞서가고 있는 상황이고, 누가 2위 자리를 차지할지는 아직 안 갯속이다.

또한 하드웨어 차원에서의 차별화보다는 소프트웨어 차원의 차별화가 중요해짐으로써 하드웨어의 다양성이 획기적으로 줄어들게 된다. 수백 가지 종류의 피처폰이 몇 가지 종류의 스마트폰으로 진화한 현상이 이를 잘 보여주고 있다. 이러한 현상은 컴퓨터가 된 자동차라는 제품에도 나타날 수밖에 없다. 애플의 스마트폰 하드웨어가 각 카테고리별(예를 들어 저가·일반·고가형, 크고 작은 화면 사이즈)로 하나 정도만 있듯이, 테슬라도 카테고리별로 한 모델 정도, 예를 들면 소형·중형·대형, 세단·SUV·트럭 등의 총 10개 정도의 모델을 계획하고 있다. 기존 자동차

하드웨어 중심의 제품에서 소프트웨어 중심의 제품으로.
(이미지: https://x.com/TeslaBoomerMama/status/1634015322331308033)

제조사들이 수십 가지 모델을 내놓은 것과는 전략적으로 대비된다.

그렇다면 기존 자동차 회사에서도 애플의 MacOS, 구글의 안드로이드와 같은 자동차의 OS 플랫폼을 만들 수 있을까? 우선 위계 조직이 네트워크 조직으로 진화해야 한다.

조직 관점: 창조적 API 조직

소프트웨어는 하드웨어와 성격과 구조가 다르기 때문에 조직 체계도 이에 맞게 갖춰야 한다.

첫째, 소프트웨어 조직은 생산(production) 조직이 아니라 창조(creation) 조직이 되어야 한다. 창의적·창조적 업무인 소프트웨어 개발에서는 스티브 잡스(Steve Jobs)가 이야기했듯이 개인의 능력 차가 100배 이상 날 수 있으며, 평균적인 개발자 100명이 모여도 천재적인 개발자 한 명이 만든 것을 따라갈 수 없는 경우가 허다하다.[36] 테슬라의 뛰어난 개발자 수백 명이 개발한 것을 수천 명의 개발자가 모인다고 10배 빨리 개발할 수도 없고, 실패할 가능성은 훨씬 높다. 일례로 소프트웨어 개발 프로젝트가 늦어진다고 추가 인력을 투입하면 오히려 더 늦어진다는 연구 결과도 있다.[37]

둘째, 하드웨어의 모듈·부품이 계층구조(tree structure)를 이루는 데 반해 소프트웨어는 모듈·기능이 네트워크 구조(network structure)를 이루기 때문에 이에 맞는 조직 구조가 필요하다. 즉 하드웨어는 부품 단위로 일을 나눠서 하더라도 상위의 부품과 바로 하위의 부품의 조율만 필요하지만, 소프트웨어는 다르다. 한 기능이 여러 기능과 상호작용을 하기 때문에 계층 조직을 기반으로 조율을 하거나 문제를 해결하는 데는 한계가 있다. 또한 한번 개발이 끝나면 오랜 기간 변경이 없는 하드웨어와 달리, 소프트웨어는 수시로 변경이 필요하다. 기존의 계층 조직으로는 한계에 부딪힐 수밖에 없다.

이러한 문제를 해결하기 위해 소프트웨어는 API(Application Programming Interface)를 기반으로 개발되는 것이 일반적이다.[38] API란 각 소프트웨어 모듈이 다른 모듈과 독립적으로 개발되면서도 협업이 가능하도록 만든 일종의 프로토콜(규약)을 말한다. 즉 소프트웨어 중심 사고를 조직에 적용한다는 것은, 이 API 컨셉으로 조직 구조를 개편하는 것을 말한다.[39]

이러한 방식은 조율의 필요성을 최소화하고 문제의 원인 파악도 쉬울 뿐 아니라, 모든 팀이 동시다발적(parallel)으로 소프트웨어를 수정·개선할 수 있다는 장점이 있다. 소프트웨어 중심의 조직은 이러한 소프트웨어 개발 구조와 상응하는 이른바 네트워크 조직을 이룬다. 테슬라의 사례가 그렇다.

테슬라는 API의 구조를 소프트웨어뿐 아니라 하드웨어 개발 및 생산에도 적용하여 수많은 팀이 동시다발적으로 자동차의 소프트웨어 및 하드웨어를 개선하고 있다. 기존의 하드웨어 중심 사고로는 이해할 수도, 상상할 수도 없는 일이 실제로 일어나고 있는 것이다. 벤치마킹을 하고 싶어도 기존 자동차 제조사가 따라 하기에는 어려움이 많을 수밖에 없다.

기존 자동차 회사의 위계 조직을 API 조직, 네트워크 조직으로 혁신하는 일은 어쩌면 자기부정에서 출발해야 한다.

프로세스 관점: '테슬라 애자일'

이에 따라 업무 프로세스도 달라질 수밖에 없다. 소프트웨어 중심 제품의 변경 주기는 하드웨어 중심 제품의 변경 주기와 차원이 다르다. 아마존이나 페이스북과 같은 서비스는 하루에도 수없이 수정된다. 이렇게 변경 주기가 다른 것은 소프트웨어가 본질적으로 쉽게 수정할 수 있기 때문이기도 하지만, 소프트웨어 개발 도구·기술의 지속적인 혁신, 비즈니스 환경의 급격한 변화 등이 소프트웨어 변경 주기의 단축을 가속화하고 있기 때문이다. 그렇다면 자동차의 경우도 소프트웨어처럼 하루에도 여러 차례 변경하는 것이 가능할까? 기존 자동차는 변경 주기가 3년 내지 7년인 반면 테슬라는 3시간 단위의 변경 주기를 가진다.[40]

기존의 선형적인 개발 방법(기획→설계→디자인→개발→테스트→배포)으로는 길게는 주 단위, 짧게는 시간 단위의 변경 주기를 달성한다는 것은 불가능하다. 이러한 문제를 해결하기 위해 도입된 방법이 애자일 개발 방법이다. 모두(기획자, 설계자, 디자이너, 개발자, 테스터 등)가 동시에 개발에 참여하고 자동화된 검증 및 배포를 통해 변경 주기를 연 단위에서 시간/일 단위로 축소한다.[41] 그런데 테슬라는 애자일을 도입하는 일반적인 회사들처럼 애자일 팀이 따로 있는 것이 아니라, 조직 전체가 애자일 구조로 작동함으로써 차원이 다른 애자일 프로세스를 만든다. 그뿐 아니라 이러한 테슬라만의 애자일의 원리를 한 차원 개선하여, 소프트웨어 개발뿐 아니라 하드웨어 개발 및 생산에도 적용하고 있다.

기존 자동차 회사들이 수십 년간 유지해 온 분업화되고 선형적인 업무 프로세스를 과연 애자일 방식으로 혁신할 수 있을까? 부분적인 팀 단위가 아니라 전사 조직이 하나의 유기체처럼 동작할 수 있을까? 내 비즈니스에 대한 이해부터 달라져야 가능하다.

비즈니스 관점: 한계비용 0의 경제

소프트웨어와 하드웨어의 가장 큰 차이는 한계비용에 있다. 소프트웨어처럼 한계비용이 0인 재화는 추가 비용 없이 무한히 생산할 수 있다.[42] 소프트웨어 중심의 비즈니스는 기존 비즈니스에 비해 차원이 다른 규모가 가능하고, 이에 맞는 비즈니스 전략을 세워야 한다.

테슬라는 자동차 하드웨어를 생산하지만, 비즈니스의 구조와 전략은 기존 자동차 기업과 차원이 다르다. 소프트웨어 중심 경영 때문이다. 앞서 언급했지만 테슬라는 2030년까지 연간 2000만 대 인도를 목표로 하고 있다.[43] 기존 자동차 기업에서는 상상하기 어려운 규모다. 그렇다면 테슬라는 자동차 하드웨어를 많이 팔아서 돈을 버는 것이 목표일까? 아니다. 자율주행을 포함한 소프트웨어를 팔아서 돈을 버는 것이 목표다.

전자는 하드웨어 중심의 사고이며, 후자가 소프트웨어 중심의 사고다. 테슬라 가격은 '시가'라는 우스갯소리가 있다. 이렇게 테슬라가 생산량에 맞춰 가격을 다이나믹하게 조정할 수 있는 이유는, 하드웨어를 원가에 팔고 대신 소프트웨어를 팔아 돈을 버는 구조가 비즈니스의 기반이기 때문이다. 이러한 수익 구조는 구글, 아마존 등이 이미 입증했다.[44] 이미 판매된 차량으로부터도 이러한 방법으로 돈을 벌 수 있기 때문에 우선은 자동차 하드웨어를 최대한 많이 파는 것이 목표가 되는 것뿐이다. 현재도 약 700만 대[45]의 차량 중 40만 대가 FSD(Full Self Driving)를 구매·구독(2024년 현재 구매는 8000달러, 구독은 월 100달러)하고 있으며,[46] 중장기적인 관점에서 훨씬 많은 이익을 낼 수밖에 없을 것으로 본다.

기존 자동차 제조사라면 하드웨어를 원가에 팔고 소프트웨어로 돈을 버는 전략을 구사할 수 있을까?

지금까지 네 가지 관점에서 소프트웨어 중심 경영이란 무엇인지 살펴보았다. 이 네 가지 차원이 상호 보완적으로 고려되고 동작해야만 소프트웨어 중심적 사고가 비즈니스로 실현될 수 있다. 소프트웨어 중심 경영은 무한 규모를 만드는 원리의 이해에서 출발하며, 제품에 대한 이해, 프로세스에 대한 이해, 조직에 대한 이해를 완전히 바꾸는 것을 말한다.

앞에서 포드의 CEO가 소프트웨어 개발이 얼마나 어려운지 토로했다는 이야기로 글을 시작했다. 이에 일론 머스크는 기꺼이 기존의 자동차 기업을 도울 준비가 되어 있으며, 테슬라의 소프트웨어 등을 사용할 수 있게 하겠다고 답했다.[47] 이번 글은 질문으로 마치려고 한다.

포드를 포함한 기존 자동차 기업들은 독자적으로 소프트웨어를 개발하기 위해 노력해야 할까? 아니면 미워도 테슬라와 협업하는 것이 맞을까? OS를 자체적으로 개발하기 위해 제품·조직·프로세스·비즈니스 관점에서 총체적인 혁신을 하려고 노력하는 것이 맞을까? 아니면 테슬라로부터 라이선스를 받는 것이 맞을까? 판단은 이 글을 읽은 여러분께 맡긴다.

테슬라의 네트워크 중심 경영

2023년 10월, 현대자동차 그룹은 북미 시장의 전기차 충전 표준으로 테슬라의 수퍼차저 네트워크(이른바 NACS)를 채택하기로 결정했다.[48] 따라서 2025년부터는 북미 시장에 공급되는 현대 및 기아 차량에 수퍼차저 방식의 충전 시스템이 탑재된다. 포드 자동차가 수퍼차저 네트워크에 합류하기로 했다고 최초로 발표한 지 불과 6개월 만의 일이었다.[49] 이 짧은 기간 동안 도미노 쓰러지듯 거의 모든 자동차 제조사가 참여를 결정했고, 이제는 폭스바겐과 스텔란티스 등 모든 그룹이 합류한 상황이다.

그런데 북미 시장에는 당시 CCS1이라는 충전 표준이 이미 있었다(북미 표준을 따른 우리나라는 여전히 CCS1이 표준이다).[50] 일렉트리파이 아메리카(Electrify America)를 비롯해 테슬라를 제외한 모든 전기차 업체와 충전 업체들이 CCS1을 지원해 왔다. 수퍼차저 네트워크를 따라잡기 위해 모든 업체가 총력을 기울였는데도, 어떻게 기존의 표준을 버리고 테슬라 충전 네트워크에 합류하는 일이 벌어졌을까?

오가닉 비즈니스 관점에서 보면, 이러한 상황은 필연적이라고 할 수 있다. 물론 대부분의 기업은 테슬라를 따라잡을 수 있다고 판단했다. 하지만 CCS1을 고집한 결과 전기차 판매의 성장 동력을 잃게 되는 상황을 맞이하게 된 것이다. 이제 북미의 표준이 된 NACS를 탑재한 전기차들이 공급되는 상황에서 여전히 CCS1을 탑재한 전기차를 구매할 소비자는 그리 많지 않을 것이다.

오가닉 비즈니스는 네트워크 중심적 사고에서 시작된다. 대부분의 전기차 업체는 충전소를 충전 업체의 제품으로 생각하는데 반해, 테슬라는 충전 네트워크를 전기차의 일부("The [supercharger] network is a part of the product")로 생각한다.[51] 네트워크 중심적 사고(Network-centric Thinking)를 하지 않고 성공적인 오가닉 비즈니스를 하기는 불가능하다. 그렇다면 네트워크 중심적 사고란 무엇인가? 이전 글에서 다룬 소프트웨어 중심 경영과 연계하여, 네트워크 중심 경영이란 무엇인지 다시 제품, 조직, 프로세스, 비즈니스의 네 가지 관점에서 알아본다.

제품 관점: 네트워크가 제품이다

오가닉 비즈니스 관점에서 보면 테슬라는 자동차(콘텐츠·기기)를 만드는 기업이 아니라 고객과 함께 자동차의 네트워크를 만드는 기업이다. 하지만 자동차의 네트워크에서 머물지 않고 수퍼차저(충전소)의 네트워크이기도 하며, 배터리의 네트워크이기도 하다. 이렇게 네트워크 자체가 제품인 경우는 콘텐츠·기기를 제품으로 생각하는 비즈니스와 여러 측면에서 다른 성격을 가질 수밖에 없다.

첫째, 네트워크는 복제가 불가능하다. 콘텐츠나 기기는 벤치마킹을 통해 베낄 수 있지만, 고객과 함께 만든 네트워크는 경쟁사가 복제할 수 없다. 예를 들어, 페이스북 앱과 같은 기능을 가진 앱을 만들었다고 페이스북이 되지는 않는다. 페이스북의 제품은 친구의 네트워크, 이른바 소셜 네트워크이기 때문이다. 테슬라의 자동차는 베낄 수 있다(고 가정해 보자). 그러나 현재 700만 대의 자동차로 이루어진, 지속적으로 성장

테슬라의 제품은 네트워크다

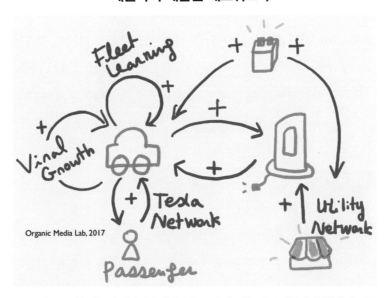

테슬라의 제품은 지속 가능한 에너지의 생산·유통·소비 네트워크다. 오가닉미디어랩에서는 2017년부터 이러한 구조를 예측하고 발표한 바 있다.

하는 자동차의 네트워크는 베낄 수 없다.

둘째, 네트워크에는 경계가 존재하지 않는다.[52] 기업과 고객 간의 경계도, 산업 간의 경계도 존재하지 않는다. 테슬라를 기존의 비즈니스 관점에서 보면 자동차도 만들고, 충전기도 만들고, 배터리도 만들고, 로봇도 만드는 기업으로 볼 수 있다. 물론 관련된 제품이기는 하지만 각각 다른 산업의 영역이다. 하지만 네트워크 관점에서 보면 테슬라는 모든 제품이 경계 없이 연결되어 선순환을 이루는 하나의 네트워크다. 테슬라를 자동차 기업으로 간주하는 것은 아마존을 인터넷 서점으로 보는 것이나 마찬가지다. 아마존은 판매자, 구매자, 개발자와 함께 만드는 커머스·컴퓨팅 네트워크다. 테슬라는 전기차의 네트워크, 수퍼차저의 네트워크, 배터리의 네트워크가 서로 선순환을 이루는, 지속 가능한 에너지의 생산·유통·소비 네트워크인 것이다.[53]

셋째, 네트워크는 유일(unique)하다.[54] 네트워크는 기능이나 콘텐츠 관점에서는 유사할 수 있으나(예를 들어, 카카오톡과 라인은 유사한 기능을 가지고 있다) 네트워크 관점에서는 같은 네트워크가 존재하기 어렵다(예를 들어, 국내에서는 카카오톡이 유일한 메신저 네트워크다). 이는 위에서 언급한 부익부(선순환) 빈익빈(악순환) 현상으로 작은 네트워크는 큰 네트워크에 의해 고사되기 때문이다. 북미에서 테슬라 수퍼차저 네트워크가 CCS1 네트워크를 고사시키고 표준으로 자리잡은 것은 필연적인 일이다. 네트워크에는 '넘버투'는 존재하지 않고 '온리원'만 존재한다. 따라서 비즈니스 간의 경쟁 구도도 기존과 같이 산업 내에서의 시장점유율 경쟁이 아니라 모든 비즈니스가 자신만의 시장을 가지고 그 안에서 독

점을 하는 구도다.[55]

조직 관점: 고객이 직원이다

오가닉 비즈니스 관점에서 보면 고객은 비즈니스의 가치(네트워크)를 만들고 이를 성장시키는 데 주도적인 역할을 하는 직원이다. 따라서 기업에 고용된 직원과 고객 간의 경계를 허물고 조직을 네트워크 관점에서 재정의해야 한다.[56] 하지만 대부분의 기업은 여전히 자신이 가치를 만드는 주체이고, 고객들은 이를 구매하고 이용하는 대상으로 생각한다. 이러한 사고에서는 기업의 목적(기업 가치의 극대화)과 고객의 목적은 항상

가치 창출 구조

Organic Media Lab, 2018

	닫힌 기업 (Closed Firm)	열린 네트워크 (Open Network)
관계 (Relationship)	직원 vs. 고객 (Employees vs. Customers)	직원 = 고객 (Customers as Employees)
역할 (Role)	제조 vs. 구매 (Make & Sell vs. Buy & Consume)	서로 도움 (Help each other to create, share, & experience value)
목적/방향 (Goal)	기업 가치 vs. 고객 가치 (Firm value maximization vs. Consumer value maximization)	공유 가치/한 방향 (Shared/Aligned goals)

전통적인 조직은 직원들을 중심으로 가치를 만들어 고객에게 판매하는 구조를 가진 반면 네트워크 조직은 직원과 고객이 함께 가치를 만들고, 공유하고, 경험한다.

대치될 수밖에 없고, 직원과 고객 간에는 명백한 경계가 존재한다.

고객이 직원인 조직에서 이해해야 할 가장 큰 전제는, 고객은 기업을 위해 일하지 않고 자신을 위해 일한다는 것이다. 예를 들어, 테슬라 고객은 테슬라를 위해서 운전하는 것이 아니라 자신을 위해 운전한다. 이러한 고객들이 기업을 위해 일하게 하려면 (직원이 기업을 위해 일하게 만드는) 기존의 조직 구조나 보상 체계로는 불가능하다. 고객의 문제에서 출발하여 기업의 목적, 역할, 고객 관계의 재정립이 필요하다. 예를 들어 아마존은 고객의 구매 의사 결정 문제에서 출발하여 기업의 목적, 역할, 고객과의 관계를 설정했다. 그 결과 아마존의 고객은 더 좋은 제품을 더 저렴하고, 더 편리하게 사기 위해 열심히 일할(단지 둘러보고, 구매하고 등) 뿐인데 결과적으로는 아마존을 위해 일하는 것이 되고, 아마존의 직원들은 이를 기반으로 고객이 구매 의사 결정을 더 잘할 수 있도록 돕는 것이 자신의 일이 된다.

테슬라의 경우 고객은 편리하고, 안전하게, 경제적으로 이동하기 위해 테슬라를 운전했을 뿐인데 결과적으로는 테슬라를 위해 일하고 있는 것이 되고, 테슬라의 직원들은 이를 기반으로 고객들이 더 편리하고, 더 안전하게, 더 경제적으로 이동할 수 있도록 돕는 구조를 가지고 있다. 이렇게 직원과 고객이 함께 한 방향(Why)을 보고 서로를 돕는 선순환 구조의 조직은 직원만이 가치를 만드는 기존 조직에 비해 훨씬 큰 가치를 적은 비용으로 만들 수 있다.[57]

고객이 직원인 조직에서 해결해야 할 두 번째 문제는 새로운 직원의 영입이다. 대부분의 조직에서는 고객 유치에 많은 비용(마케팅·광고·판매 비용 등)을 들인다. 고객 유치에 많은 비용이 들면 기하급수적 성장을 통해 무한한 규모의 네트워크를 달성하는 것은 불가능하다. 고객이 고객을 유치하는 한계비용 0으로 성장하는, 이른바 바이럴 성장의 구조를 가져야 한다.[58] 테슬라는 현재까지 광고 없이 최소한의 마케팅 비용으로 기하급수적 성장을 이루고 있다. 이를 위해서는 고객이,[59] 그리고 제품이, 마케팅 콘텐츠이자 광고이자 매장이 되는 구조[60]가 필요하다.

심지어 내부의 업무 프로세스에도 고객이 개입한다. 3부 〈Organization: 고객이 직원이다〉에서 자세히 다루겠지만, 예컨대 테슬라 오토파일럿 팀의 '데이터 엔진(Data Engine)'이 그 사례다. 자율주행 소프트웨어를 고객이 테스트하고, 이를 통해 문제를 파악하고, 문제를 해결하기 위해 필요한 데이터를 고객이 수집한다. 이를 기반으로 소프트웨어를 개선하고, 개선된 소프트웨어를 고객 차량에 배포하고, 다시 고객의 테스트가 시작되는 사이클이다.

프로세스 관점: 진화하지 않으면 죽는다

오가닉 비즈니스는 살아 있는 생명체다.[61] 생명체는 크고 작은 변화를 통해 끊임없이 진화한다. 진화하지 못하는 생명체는 도태된다. 테슬라의 네트워크는 지금도 끊임없이 진화하고 있다. 새로운 차량의 인도, 기존 차량의 운행·충전, 소프트웨어 업데이트, 새로운 모델의 출시, 사고 등으로 인한 폐차까지 테슬라의 네트워크에 일어나는 크고 작은 변화다. 이러한 변화를 통해 급변하는 시장·기술 환경에 적응하고 있다. 진화하지 못하면 테슬라도 언제든지 도태될 수 있다.

진화의 관점에서 보면 끝이 곧 시작이다.[62] 대부분의 기업은 제품을 판매하는 것이 최종 목표다. 팔고 나면 고객이 그 제품을 가지고 무엇을 하든지 신경 쓰지도 않고, 알 수도 없다. 하지만 오가닉 비즈니스에서는 판매하고서 끝나는 것이 아니라 그때부터 시작된다. 이러한 관점의 전환이 없으면, 진화의 프로세스를 체화하기 매우 어렵다.

아마존 창업자 제프 베이조스(Jeff Bezos)는 "우리는 고객이 기기를 살 때가 아니라 이를 사용할 때 돈을 번다. (We want to make money when people use our devices, not when they buy our devices.)"라고 했다.[63] 팔고 나서가 시작이라는 관점이 비즈니스에 적용되면 어떤 일이 벌어지는지 아마존을 통해 명확히 보여주었다. 테슬라도 마찬가지다. 고객이 차량을 구매해서 차고에 넣어 두고 운행하지 않는다면 테슬라의 네트워크가 작동하지 않기 때문에 가치가 없는 것과도 같다. 테슬라의 네트워크가 동작하려면 팔고 난 후부터가 제품 판매보다 더 중요한 것이다.

진화의 속도를 높이기 위해 가장 먼저 필요한 것은 원활한 커뮤니케이션 프로세스다. 대부분의 기업은 기업 내의 원활한 소통을 중심으로 생각하지만, 오가닉 비즈니스에서는 고객과의 원활한 양방향 커뮤니케이션도 필수적이다. 테슬라의 경우 내부 직원, 고객, 차량 간의 실시간 양방향 커뮤니케이션이 가능한 시스템을 구축했다. 머스크는 이를 테슬라의 '중추 신경계(Central Nervous System)'라 일컬었다.[64] 이를 통해 고객이 겪는 문제를 실시간으로 파악하고 이에 대한 해결책을 소프트웨어 업데이트로 제공하기도 하고, 고객의 차량에 명령을 내려 테슬라가 필요한 데이터를 수집하기도 한다.

진화의 속도를 높이기 위해 두 번째로 필요한 것은 고객과 함께 새로운 아이디어를, 해결책을 실험하고 체득하는 비용을 낮추는 것이다. 테슬라는 변화의 한계비용을 0에 가깝게 만듦으로써 진화의 속도를 가속화하고 있다. 이는 4부 〈PROCESS: 진화하지 않으면 죽는다〉에서 자세히 다룬다.

비즈니스 관점: 무한 규모가 가능하다

오가닉 비즈니스의 세상은 지수함수의(비선형적) 세상이다. 이는 5부에

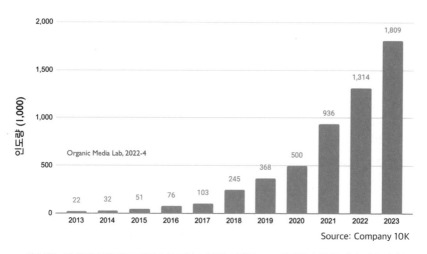

테슬라는 전 세계 차량 인도 기준으로 지난 10년간 연평균 55% 성장했다. 물론 매년 같은 성장률을 유지한 것은 아니고, 유지할 수도 없다. 기하급수적 성장은 10년 정도의 주기로 판단해야 한다.

서 설명할 가치의 선순환과 비용의 선순환이 상승효과를 일으키며 부익부 빈익빈(승자 독식) 현상을 가속화하기 때문이다. 네트워크 중심의 비즈니스는 기하급수적 성장이 가능하고, 이에 맞는 비즈니스 전략을 세워야 한다.

대표적인 오가닉 비즈니스인 구글, 아마존, 메타(페이스북)와 같은 기업들은 현재까지 20여 년간 기하급수적 성장을 하고 있다. 테슬라는 자동차, 충전 네트워크, 에너지 등 모든 시장에서 기하급수적 성장을 전제로 비즈니스 계획을 세우고 실행하고 있다.

물론 미래에도 기하급수적 성장을 한다는 보장은 없지만, 가치와 비용의 선순환 구조가 작동하는 한 이러한 패턴을 따를 가능성이 매우

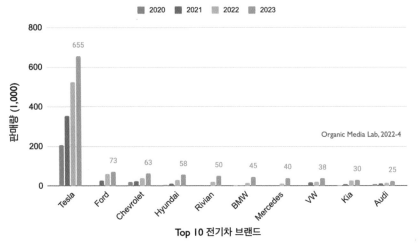

미국 브랜드별 전기차 판매 추이 (2020~2023)

2023년 현재 미국 시장에서는 테슬라가 50% 이상의 시장점유율을 유지하고 있다. (데이터: Kelly Blue Book 2020,[65] 2021,[66] 2022,[67] 2023[68])

높다. 하지만 선형적 세상의 관점에서 보는 사람들은 테슬라가 기하급수적으로 성장할 것이라고 예측하기보다는 성장이 둔화될 것으로 판단하고, 후발 주자가 쉽게 추월할 수 있을 것이라고 기대한다. 앞선 글에서 언급한 '지수함수의 저주'에 해당한다. 2021년, GM의 메리 바라(Mary Barra)는 2025년에 미국 시장에서 테슬라를 추월할 것이라고 자신했지만, 2024년 현재 가능성은 전혀 없어 보인다.[69]

단발적 현상이 아니라 네트워크 중심 경영의 원리를 통해 장기적으로 일어나는 기하급수적 성장은 시장을 바꾸고, 경영의 본질을 바꾼다. 기하급수적 성장에는 기존에 없던 '무한 규모의 경제 효과'가 일어나는 원리가 동작하기 때문이다. 이 원리를 알고 하는 비즈니스와 모르고 하는 비즈니스는 차원이 다를 수밖에 없다. 다만 기존의 전통적 경제 이론과 경영학 관점으로는 이해되지 않는다. 무한히 확장 가능한 비즈니스 구조에 대해서는 이 책의 마지막 파트인 5부 〈Business: 무한 규모로 확장된다〉에서 체계적으로 정리할 것이다.

앞에서 테슬라의 수퍼차저 네트워크(NACS)가 북미의 충전 인프라를 통일했다는 이야기로 시작했다. 이렇게 되면 북미의 충전 표준이었던 CCS1을 채택한 우리나라는 그것을 표준으로 삼는 유일한 시장이 된다. 그렇다면 한국의 자동차 업계가 CCS1을 고수하는 것이 맞을까? 아니면 북미와 같이 테슬라의 수퍼차저 네트워크에 참여하는 것이 맞을까? 판단은 이 글을 읽은 여러분께 맡긴다.

II
PRODUCT

네트워크가
제품이다

테슬라는 왜 살아 있는 네트워크인가?

"인터넷은 인류의 신경계와 같다. (…)
이는 본질적으로 인류가 초유기체로 변하는 것을 의미하며,
삼투압 확산과 같은 느린 과정이 아닌, 어디서든 어디로든 빛의 속도로
즉각적인 통신이 일어나지 않으면 불가능한 일이다."[1]
─일론 머스크

테슬라의 제품이 무엇이냐는 질문에 대부분은 전기차, 자동차 OS, 자율주행 소프트웨어 등이라고 답한다. 그렇다면 인터넷(인터넷이라는 기업이 있다고 가정하자)의 제품은 무엇일까? 컴퓨터일까? 컴퓨터 OS일까? 전세계 정보를 모아 놓은 도서관일까? 답이 무엇인지는 바로 떠오르지 않겠지만, 이 답들보다 훨씬 큰 무엇인가가 있다는 것은 짐작이 갈 것이다.

인터넷 초기부터 일론 머스크는 인터넷을 "인류의 신경계(nervous system)"라고 일컬으며 "본질적으로 인류가 초유기체로 변해 가는 과정"이라고 말한 바 있다.[2] 마치 수십조 개의 세포가 신경계로 연결되어 하나의 생명체인 인간으로 진화한 것처럼, 수십억 인류가 인터넷이라는 신경계로 연결되어 하나의 집단초지능체(collective super intelligence)로 진화한다는 것이다. 이러한 초지능체가 만들어 내는 가치는 어느 정도의 크기일까? 전 세계 인터넷에 연결된 수백억 대의 컴퓨터(스마트폰 등 포함)의 하드웨어·소프트웨어의 가치와는 비교할 수 없이 클 것이다.

그렇다면 테슬라의 제품은 무엇이며, 테슬라가 만드는 가치는 무엇일까? 테슬라가 만드는 것이 자동차의 네트워크라면, 그 가치는 어느 정도가 될까? 이에 답하기 위해 테슬라의 차량이 기존의 자동차와 어떻게 다른지부터 살펴보자.

끊임없이 진화한다

무선(Over the Air, OTA) 소프트웨어 업데이트는 테슬라의 대표적인 장점으로 꼽힌다. 다른 자동차 제조업체들도 대부분 테슬라 수준의 무선 소프트웨어 업데이트 기능을 제공하기 위해 최선을 다하고 있다. 하지만 중요한 것은 소프트웨어 자동 업데이트가 가능하도록 하는 기능이 아니라 얼마나 자주, 어떤 내용의 업데이트가 되고 있느냐는 것이다.

테슬라는 고객에게 배포되는 소프트웨어 버전 기준으로 매년 100회가 넘는 업데이트를 진행한다. 하지만 더 중요한 것은 배포되는 소프트웨어 내용이다. 2022년에 배포된 안전벨트 프리텐셔너(seat belt pretensioner) 알고리즘이 대표적 사례다. 카메라 비전을 기반으로 충돌을 예측하여 충돌이 일어나기 전에 안전벨트를 미리 잡아 주는 기능이다(테슬라에서는 이를 'Predictive Seat Belt Tensioning'으로 부른다[3]). 그렇다면 충돌이 일어날지 어떻게 미리 알고 이러한 기능을 개발하게 되었을까? 사고가 일어나지도 않는데 아무 때나 이런 기능이 동작한다면 그것이야말로 운전을 방해하는 일이 될 텐데 말이다.

현실에서는 수도 없이 많은 교통사고가 일어나지만, 이에 대한 데이터는 매우 제한적일 뿐 아니라 자동차 제조업체가 실제 교통사고 데이터에 접근하는 것 자체가 어렵기도 하다. 따라서 규제 기관의 테스트에 맞춰서 안전과 관련된 기능을 개발하는 것이 일반적인 자동차 기업이 접근하는 방식이다.

하지만 테슬라 차량은 사고 발생 시 10초 정도의 비디오 클립과 200여 가지가 넘는 센서 데이터를 수집하여 스스로 테슬라 본사로 전송한다. 아래 그림은 테슬라 차량이 수집한 교통사고 데이터를 히트맵으로 나타낸 것이다. 히트맵을 자세히 살펴보면 검은색으로 표시된 규제 기관의 충돌 테스트가 차량의 데이터로 수집되는 실제 사고 유형을 충분히 커버하지 못하고 있음을 명확히 알 수 있다. 기존 차량들이 현실 세

현실 세계 테슬라 사고 데이터

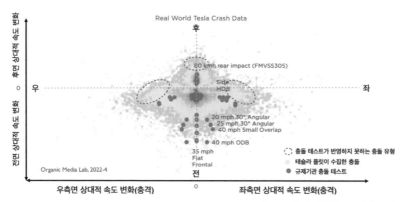

Source: Tesla 2021 Impact Report

테슬라 차량의 사고 데이터를 충돌의 위치와 속도의 빈도로 나타낸 히트맵.[4] 빨간색에 가까울수록 빈도가 높은 것이다. 검은색 점은 규제 기관의 충돌 테스트를 나타낸다. 빨간 점선으로 표시한 영역이 충돌 테스트가 커버하지 못하는 주요 영역이다. 측면이나 후면에서의 충돌 속도는 테스트의 속도보다 훨씬 빠를 뿐 아니라 빈도도 매우 높다.

계의 다양한 유형의 사고로부터 탑승객을 충분히 안전하게 보호하지 못하고 있는 것이다.

이러한 상황에서 테슬라가 할 수 있는 일은 무엇일까? 전통적인 제조 업체라면 대부분 다음 세대 차량을 설계할 때 구조를 강화하는 방법을 모색했을 것이다. 하지만 테슬라는 이미 인도된 차량의 탑승객들에게 노출된 위험도 최소화하기 위해 알고리즘을 개선해서 OTA로 배포했다. 테슬라 차량의 교통사고 유형(충돌 위치·충돌 속도 등), 탑승객의 위치와 무게 등을 정밀하게 파악하여 이에 맞게 안전벨트를 당겨 주고 에어백을 터트리도록 한 것이다. 이것이 1단계 '데이터 기반 안전성 (Data driven safety)' 업데이트다.

이렇게 개선된 알고리즘을 기존 차량에 배포한 뒤 다시 교통사고 데이터를 수집하여 개선의 여지가 있는지 파악했다. 그 결과 2단계에서는 카메라 비전의 데이터를 기반으로 충돌을 미리 예측하여 사고 전에 안전벨트를 잡아 주는 알고리즘을 개발·검증·배포하게 된 것이다(더불어 업그레이드된 테슬라 모델 3, 일명 하이랜드는 차량이 구조적으로도 측면 충돌에 더욱 안전하게 개선된 것은 물론이다). 테슬라는 여기서 멈추지 않고, 충돌이 확실시될 때 심지어 충돌을 피하는 기능, 즉 회피 기동(evasive maneuver) 기능을 추가하여 테슬라 차량을 더욱 안전하게 만들어 가고 있다.

그렇다면 여기서 질문을 해보자. 수백만 대의 테슬라 차량이 교통사고(당연히 테슬라를 위해 사고를 낸 것이 아니라 불가피하게 일어났지만) 데이터를 수집해 주지 않았다면 이렇게 선제적·사후적으로 탑승객을 보호하는 기능을 개발하는 것이 가능했을까? 가능했다 하더라도 이렇게 빠른 속도로 기능을 추가하고 개선하는 것이 가능했을까? 답은 '불가능하다'이다.

창발적 가치를 창조한다

이러한 크고 작은 진화의 과정에서 어느 순간 테슬라의 제품이 전기차라고 하기에는 불가능한 속성이 발현된다. 마치 세포의 덩어리로 이루어진 생명체가 진화의 과정에서 눈을 뜨게 되면 이를 더 이상 세포들이라고 부를 수 없듯이, 전기차의 네트워크로 이루어진 생명체가 차원이 다른 가치(예를 들어, 카메라 비전을 기반으로 적용된 차원이 다른 안전성)를

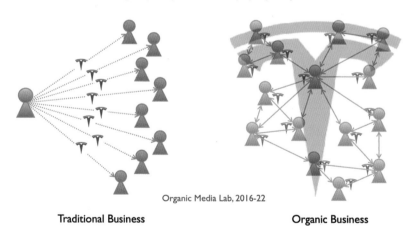

전통 비즈니스 vs. 오가닉 비즈니스

Organic Media Lab, 2016-22

Traditional Business　　　　　**Organic Business**

테슬라의 제품은 전기차가 아니라 고객과 함께 만드는 전기차의 네트워크이자 생명체다.

만들게 되면 이를 더 이상 그냥 전기차라고 부를 수 없는 것과 같다. 이러한 관점에서 보면 테슬라의 제품은 테슬라가 만들어 고객에게 판매하는 전기차라기보다는 고객과 함께 만들어 가는 전기차의 네트워크(생명체 또는 복잡계)라고 보는 것이 맞다.

생명체(organism)나 복잡계(complex system)에서 개별 구성 요소의 상호작용으로 발현되는 새로운 속성을 창발적 또는 출현적 속성(emergent property)이라고 한다. 기존의 구성 요소에는 없는 속성이다. 이렇게 창발적 속성이 발현되는 시스템을 이해하기 위해서는 구성 요소를 이해하는 것만으로는 부족하다. 즉 테슬라의 차량을 아무리 벤치마킹해도 테슬라를 제대로 이해하거나 따라 할 수 없다. 이는 마치 컴퓨터의 속성을 아무리 연구해도 인터넷을 제대로 이해할 수 없는 것과 마찬가지다. 그러나 안타깝게도 대부분의 제조사는 전통적인 관점의 테슬라(차량)에만 집중하여 겉모습만을 보고 평가를 내리거나 따라가려고 노력하고 있는 실정이다.

중요한 것은 세포의 수가 많다고 해서 창발적 가치(emergent value)를 만드는 생명체가 되는 것은 아니라는 점이다. 즉 차량이 많고 데이터를 많이 수집할 수 있다고 해서 자동차의 네트워크를 만들 수 있는 것이 아니라는 얘기다. 수집하는 데이터만의 문제가 아니다. 한 제조사의 자동차가 도로에 수억 대 돌아다닌다고 생명체화되어 스스로 진화하고, 창발적 가치를 만들지는 않는다. 세포 간에 즉각적인 상호작용(연결)이 수없이 많이 일어나야(신경계를 가지면), 진화의 속도도 빨라지고 창발적 가치를 만들 가능성도 높아진다.

테슬라에서는 초기부터 직원, 제품, 고객 간의 즉각적이고 활발한 상호작용이 가능한 신경계에 해당하는 시스템을 구축하고, 이를 기반으로 '테슬라의 인터넷(Internet of Teslas)'을 만들었다. 이러한 신경계가 존재했기 때문에 테슬라는 필요 없는 레이더나 초음파 센서 등을 퇴화시키고 카메라로만 더욱 안전한 차로 진화하게 된 것이지, 데이터를 무작정 많이 수집했기 때문이 아니다.

이 진화의 원리가 어떻게 실제 테슬라의 경영에 적용되고 있는지 퍼즐을 맞추듯 하나씩 이해하게 되면, 테슬라가 지금의 단계를 넘어 곧 지능을 가진(스스로 운전하는) 고등 생명체로 변신하게 되리라는 것도 짐작할 수 있다. 이런 생명체에 대한 비유가 불편한 독자들이 있을지도 모르겠다. 이 책을 다 읽고 난 후에, 전체 퍼즐을 이해한 후에, 다시 질문할 기회를 갖기를 바란다. 우선 여기서는 제품으로서의 '자동차의 네트워크(플릿)'가 의미하는 바에 집중해서 설명하고 있다.

가치의 선순환이 가속화된다

네트워크(플릿)의 규모가 커지면서 상호작용이 가속화되면, 진화의 속도가 빨라지고 창발적 속성이 연쇄적으로 발현되면서 차량의 가치가 기하급수적으로 증가하기 시작한다. 물론 수학책에서 보는 그래프처럼 부드럽게 증가하는 것이 아니라 계단식 점프를 거치며 증가한다. 장기적으로 보면 기하급수적 성장이다. 아마존의 경우에도 인터넷 서점에서 마켓플레이스로, 클라우드 컴퓨팅으로 진화하면서 연쇄적인 가치의 점프가 일어났고, 결과적으로 보면 기하급수적 성장이 일어났음을 알 수 있다.

테슬라의 경우 비전(Vision)을 기반으로 마치 눈을 뜬 것처럼 안전도가 획기적으로 진화한 것도 이러한 현상을 잘 보여주고 있다. 이러한 가치의 획기적 상승은 차량 판매에 도움이 되고, 이는 플릿의 규모를 키워 진화의 속도를 가속화하고 있다. 이는 다시 창발적 가치를 만들어내어 차량 가치의 획기적 상승을 가져온다. 어떻게 보면 자율주행은 테슬라의 지능(intelligence)이 동작하는 것이라고 할 수 있다. 자율주행이 완성되는 시점에는 (잠재적) 로보택시로서 테슬라의 가치는 더욱 급상

테슬라 네트워크의 진화

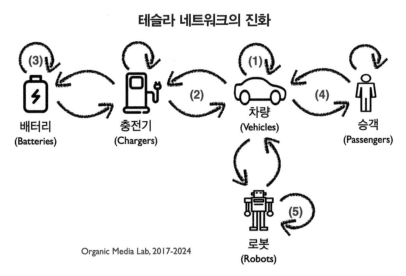

Organic Media Lab, 2017-2024

테슬라의 네트워크는 자동차의 네트워크(1)에서 충전기의 네트워크(2), 발전소의 네트워크(3)로, 더 나아가 로보택시의 네트워크(4), 휴머노이드 로봇의 네트워크(5)로 진화하고 있다. 이러한 네트워크들은 각각 성숙해지면서 기하급수적 가치를 만들기도 하지만, 서로 선순환을 일으키며 기하급수적 성장을 가속화한다.

승할 수밖에 없을 것이다.[5] 테슬라의 진화는 여기에서 그치지 않고 바퀴 달린 로봇(로보카)에서 다리 달린 로봇(휴머노이드)으로 이어지고 있다. 자동차의 네트워크라는 제품이 곧 진화하는 생명체인 이유다.

네트워크의 가치가 압도한다

이렇게 네트워크가 성장·진화하며 만들어 내는 가치가 네트워크의 가치다. 테슬라의 제품이 네트워크라는 것은 자동차 하드웨어나 소프트웨어의 가치가 없다는 것이 아니다. 고객과 함께 만드는 네트워크의 가치가 하드웨어와 소프트웨어의 가치에 비해 압도적으로 높다는 것을 의미한다. 다음 그림은 제품이 각각 하드웨어, 소프트웨어, 네트워크인 경우를 나타낸다. 하드웨어 기업이라고 해서 소프트웨어나 네트워크의 가치가 전혀 없지는 않다(하드웨어 제품도 입소문으로 팔린다면 아주 작은 네트워크의 가치가 있다). 다만, 하드웨어의 가치가 여전히 가장 중요한 가치인 것이다. 자동차 비즈니스 관점에서 보면, 기존 내연기관차는 하드웨어 중심의 제품이다. 반면 'SDV(Software Defined Vehicle)'는 소프트웨어 중심의 제품인데, 테슬라는 SDV를 넘어 네트워크의 가치가 압도적으로 높은 네트워크 중심적 제품이라고 하겠다.

네트워크의 가치는 하드웨어나 소프트웨어처럼 내부 직원이 만드는 것이 아니고 고객이 직원이 되어 만들어지기 때문에 한계비용이 0이고, 무한한 규모로 확장할 수 있다. 하드웨어나 소프트웨어의 가치와 다른 점이다. 이러한 네트워크의 가치를 극대화하는 것이 바로 오가닉 비즈

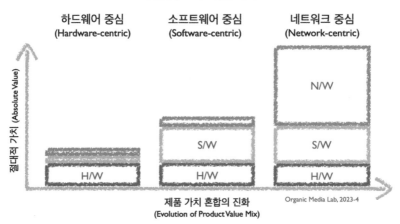

네트워크가 제품이다

하드웨어 중심
(Hardware-centric)

소프트웨어 중심
(Software-centric)

네트워크 중심
(Network-centric)

절대적 가치 (Absolute Value)

N/W

S/W

S/W

H/W

H/W

H/W

제품 가치 혼합의 진화
(Evolution of Product Value Mix)

Organic Media Lab, 2023-4

산업사회에서 정보사회, 네트워크 사회로 진화하면서 제품의 핵심적인 가치가 하드웨어에서 소프트웨어로, 더 나아가 네트워크로 이동했다. 하드웨어나 소프트웨어의 가치는 내부 직원이 만드는 반면, 네트워크의 가치는 고객이 만든다.

니스다. 테슬라는 네트워크의 가치를 극대화할 수 있는 구조와 프로세스를 기반으로 제품·비즈니스의 영역을 확장하고 있다.

그렇다면 오가닉 비즈니스의 첫 단추는 무엇일까? 네트워크 관점에서 우리 제품은 무엇인지, 이 네트워크를 기반으로 만들 수 있는 가치는 무엇인지 파악하는 것이 먼저다. 기존 자동차 제조업체들이 기존의 관점에서 만들 수 있는 네트워크의 가치는 무엇일까? 가능한 일일까? 여러분의 비즈니스에서 네트워크는 무엇인가? 우리가 만들고 있는 제품이, 만들고 있는 조직이, 만들어야 할 가치가 스스로 성장하는 원리를 갖추고 있는지 자문해야 할 부분이다.

자동차가 아니라 플릿 러닝 네트워크다

테슬라에 대한 논란 중 대표적인 것이 자율주행이다. 일론 머스크는 2017년 이후 매년 올해 말이면 자율주행을 완성할 수 있을 것이라고 예측했지만,[6] 2024년 말 현재 완전 자율주행(테슬라의 경우 FSD Unsupervised) 소프트웨어를 내놓지 못하고 있다. 이에 대해 많은 '전문가'들은 라이다 없이는 완전 자율주행을 달성하지 못할 테니, 테슬라가 언젠가는 라이다를 추가할 것이라고 예측하기도 한다. 하지만 이러한 비판을 하는 것은 자율주행 문제를 자동차의 네트워크 차원에서가 아니라 개별 자동차 차원에서 접근하기 때문이다. 같은 문제이지만 접근의 차원에 따라 해결책은 다를 수밖에 없다. 물론 어떤 차원의 접근이 더 나은지에 대한 찬반이 있을지는 모르나, 비판하기 전에 접근 방법이 어떻게 다른지를 먼저 이해해야 한다. 테슬라는 이러한 접근 방법을 플릿 러닝이라 부른다. 우선 테슬라에서 이야기하는 플릿의 개념에 대한 이해가 필요하다.

보그 집합체와 플릿

'한 대의 차가 배우면 다른 모든 차들이 배운다'는 플릿 러닝을 이해하기 위해 SF의 세계로 잠시 빠져 보자(일론 머스크를 이해하기 위해서도 필요하다). 우리나라에서는 인기가 없지만 미국에서는 인기가 높은 SF 시리즈인 〈스타 트렉(Star Trek)〉은 선과 악이 싸우는 스토리가 아니라 우주를 배경으로 미지의 세계와 문명을 탐험하며 문제를 해결하는 스토리다.[7] 〈스타 트렉〉 세계관에 나오는 수많은 종족 중 하나가 보그 집합체(The Borg Collective)다.[8] 보그 집합체는 일반적인 종족과 달리 몸은 여럿이지만 마음은 하나다. 보그 집합체의 특징은 다음과 같다.

- 사이버네틱 생명체(Cybernetic Organism): 각 개체는 '기계 증강(machine augmented)'• 생명체다.
- 하이브 마인드(Hive Mind): 모든 보그는 하나의 집단의식으로 연결되어 실시간으로 정보를 공유하고 협력한다. 즉, 한 개체가 배우면 모든 개체가 배운다.
- 동화(Assimilation): 다른 종족이나 기술을 집단의 일원으로 동화시키면서 약점은 보완하고 강점을 취한다. 이 과정에서 집단은 완벽에 더욱 가까워지나 개인의 성격이나 기억은 사라진다.
- 목표(Goal): 모든 것을 흡수해서 완벽한 존재가 되려는 것이 목표다.

• 기술적 도구가 인간의 능력, 활동 등을 향상하거나 보완하는 것을 뜻한다.

위 보그 집합체의 속성을 테슬라에 그대로 적용해 볼 수 있다. 보그 집합체가 아닌 테슬라 집합체(The Tesla Collective)로서 테슬라의 플릿에 대한 정확한 이해가 가능하다.

- 사이버네틱 생명체: 각 테슬라 차량은 오토파일럿·FSD와 운전자가 협업하여 운행된다.
- 하이브 마인드: 모든 차량은 네트워크에 연결되어 정보를 공유하고 협력한다. 즉, 한 차량이 배우면 모든 차량이 배운다. 그 결과가 오토파일럿·FSD다.
- 동화: 오토파일럿·FSD는 새로운 차량·운전자를 집합체에 참여시키고, 베테랑 운전자의 강점은 배우고 위험한 운전자의 약점은 버리면서 더욱 안전하고 편리하고 편안해진다. 이 과정에서 오토파일럿·FSD는 완벽에 더욱 가까워지며 운전자의 개입은 줄어든다.
- 목표: 모든 것을 흡수해서 스스로 운전하는 완벽한 차량이 되는 것이 목표다. 이때가 되면 더 이상 생물학적 운전자는 필요 없다.

이렇게 테슬라는 개체의 관점이 아니라 집합체, 네트워크의 관점에서 자율주행의 문제에 접근한다. 이 플릿의 개념이 '네트워크로서의 자동차'를 이해하는 핵심이다. 큰 틀에서 테슬라의 플릿에 대해 이해했다면, 이제 플릿 러닝에 대해 구체적으로 알아보자.

플릿 러닝이란 무엇인가

테슬라에서 플릿 러닝은 자율주행에만 적용되는 것이 아니라 하드웨어·소프트웨어 등 차량의 모든 부분을 개선하는 데 적용된다. 플릿 러닝은 네트워크의 가치를 만드는 과정이다.

목표: 안전하고, 경제적이고, 편리한 이동

완벽한 자동차란 무엇인가? 여러 가지 정의가 있겠지만, 테슬라에서 추구하는 완벽한 자동차는 안전하고, 경제적이고, 편리하게 출발지에서 목적지까지 이동을 돕는 수단을 말한다. 테슬라는 마케팅 관점에서 이러한 목표에 대해 선언하는 것이 아니라 이러한 목표 달성을 위해 일관되게 행동으로 노력하고 있다.

안전성: 사고당 주행거리

테슬라가 안전하지 않다는 뉴스를 자주 접한 사람들에게는 믿기지 않을지 모르나, 테슬라에 있어 안전은 최우선의 목표이자 원칙이다 (Safety First). 실제로 설계에서 하드웨어, 소프트웨어에 이르기까지 차량의 안전도를 높이기 위해 최선을 다한다. 일반적인 접근으로는 사고가 나도 사람이 다치지 않는 차가 가장 안전한 차일지 모르겠지만, 테슬라의 기준은 다르다. 테슬라에서는 '아예 충돌하지 않는 차(Don't Crash, Ever)가 가장 안전한 차'다.[9] 이를 측정하기 위해 '사고당 주행거리(Miles Driven Per One Accident)'를 매년 발표하고 있다.[10] 이전 글에서 언급한 안전벨트 프리텐셔너 알고리즘처럼 사고 발생 시에 탑승객을 보호하기 위한 장치도 지속적으로 보완되는 것은 물론이다.

경제성: 주행거리당 비용

테슬라에 있어 경제성은 연비(전기차의 경우 전비)를 의미하는 것이 아니다. 차량의 구매, 운행, 유지 보수, 보험 등을 포함해 자동차를 소유하고 운행하는 데 드는 전체 비용(Total Cost of Ownership)을 의미한다. 이를 주행거리당 총비용(Total Cost of Ownership Per Mile)으로 측정한다.[11] 이를 위해 자동차의 무게를 낮추고, 연비를 높일 뿐 아니라 자동차의 운행에 필요한 보험료·연료비·수리비까지 낮추기 위해 노력한다.

편리성: 입력당 주행거리

테슬라에 있어 "모든 입력은 에러다.(All input is error.)"[12] 실제로 차를 열고 잠그거나, 시동을 걸거나 끄거나 할 필요도 없고, 운전자에 맞게 시트 위치 등의 세팅이 알아서 변경되며(심지어 렌터카도), 내비게이션의 목적지도 자동으로 또는 끊김 없이 설정된다. 더 나아가 핸들과 페달의 조작도 없애기 위해 노력하고 있다.

이러한 관점에서 보면 가장 완벽한 차는 로보택시다. 교통사고의 가장 큰 원인[13]인 인간의 실수[14]를 아예 없애고, 자동차의 소유·운행에서 가장 큰 비용인 소유 비용과 운전자 비용(직접 하더라도 기회비용이 있다)을 없애며, 목적지 입력 외에는 모든 입력을 없앨 수 있다. 테슬라 플릿이 가는 방향은 처음부터 정해져 있었다.[15] 로보택시는 91쪽의 글 '로보

택시 네트워크: 웨이모인가, 우버인가?'에서 자세히 다루니 여기서는 언급만 해둔다.

방법: 고객과 함께 진화한다

테슬라는 이와 같은 완벽한 차를 만드는 목표를 달성하기 위해 기존 자동차 제조업체와는 완전히 다른 방법을 택하고 있다. 테슬라는 다음과 같은 이유로 토요타보다는 아마존에 더 가깝다. 첫째, 차량이 직원이다. 둘째, 끊임없이 진화한다.

차량이 직원이다

각 차량은 (현재는 운전자의 도움을 받아) 도로를 돌아다니며 자신(ego)과 도로 환경(차선, 다른 차량, 보행자 등), 그리고 운전에 대한 정보를 수집한다. 이를 실시간 또는 배치(batch)로 테슬라로 보내고, 테슬라는 수백만 대로 이루어진 플릿이 보낸 데이터로 학습을 한 후 이를 기반으로 향상된 하드웨어·소프트웨어 등을 배포한다. 이는 아마존에서 판매자와 구매자가 직원인 구조와 유사하다. 고객과 함께 배운다. (이러한 구조를 우리는 '협업학습엔진'(114쪽)이라 부른다. 이에 대한 자세한 설명은 3부 〈Organization: 고객이 직원이다〉를 참고하기 바란다.)

끊임없이 진화한다

데이터의 수집과 학습, 배포(협업학습엔진)의 사이클은 일회적이지 않고 끊임없이 반복된다. 테슬라는 이 사이클의 주기를 가속화하기 위해 끊임없이 노력한다. 하드웨어도 지속적으로 개선하여 고객에게 인도하고 있고(171쪽), 소프트웨어는 OTA를 통해 수시로 플릿을 진화시킨다. 도로 상황 등 네트워크에 관한 실시간 정보 역시 한 차량이 수집한 정보를 플릿에 실시간으로 공유한다. (하드웨어와 소프트웨어의 지속적 진화에 대해서는 4부 〈PROCESS: 진화하지 않으면 죽는다〉에서 자세히 다룬다.)

범위: 하드웨어·소프트웨어·실시간 정보

플릿 러닝의 범위는 차량의 소프트웨어나 펌웨어로 제어되는 모든 부품과 주행 시 만나게 되는 도로, 사건, 상황 등 거의 모든 분야를 포함한다.

하드웨어·소프트웨어 개선

이미 언급했던 레이더와 초음파 센서의 제거, 안전벨트 프리텐셔너와 회피 기동 알고리즘 개선, 오토파일럿·FSD의 지속적 진화 등은 플릿 러닝의 일부 사례다. 이 외에도 배터리 셀 단위의 데이터 수집을 통해[16] 배터리의 성능, 효율, 수명, 안전을 책임지는 배터리 관리 시스템(Battery Management System, BMS) 알고리즘을 지속적으로 개선하고 있다. 물론 셀 데이터와 충돌·화재 데이터 등을 기반으로 배터리 셀과 팩의 구조도 진화시키고 있다. 16850에서 2170, 4680 셀로 진화한 것이나[17] 셀·모듈·팩의 일반적인 배터리팩 디자인에서 구조적 배터리(Structural Battery)로 진화한 것 등은 대표적인 사례다. 그 결과 테슬라 차량은 더욱 효율적이면서도 안전한 차량으로 진화하고 있다.

실시간 정보 공유(Vehicle to Fleet Communication)

안전하고 효율적인 주행을 위해서는 정확한 도로 상황 정보가 필수다. 대부분의 내비게이션은 지도 데이터와 교통 흐름 정보 등을 사용하지만 도로 정보의 실시간 업데이트는 지극히 제한적이다. 사고가 났거나, 공사 중이거나, 교통 표지판과 지도 정보가 다르거나, 포트홀이 있거나 하는 정보가 제때 반영되지 못한다. 테슬라는 이미 플릿이 수집한 포트홀 데이터를 기반으로 에어서스펜션이 있는 모델의 경우 포트홀 주변에서 서스펜션을 높이는 기능(Predictive Air Suspension)을 제공하고 있고,[18] 2024년 말에는 플릿이 수집한 공사 등으로 인한 도로 폐쇄 정보를 내비게이션에 반영(Dynamic Routing)하기 시작했다.[19]

웨이즈(Waze)와 같은 도로 상황 공유 서비스도 실시간 상황을 반영한 내비게이션 기능을 제공하지만, 이 정보를 운전자가 직접 공유해야 하는 것이기 때문에 여덟 개의 눈을 가지고 한시도 한눈 팔지 않는 테슬라 차량이 직접 제공하는 정보와는 실시간성, 정확도, 규모에서 차원이 다를 수밖에 없다.

플릿의 규모와 네트워크의 가치

이러한 플릿 러닝은 플릿의 규모가 커질수록 가속화된다(이른바 네트워크 효과). 하지만 차량의 대수만 많아진다고 플릿 러닝이 가속화되는 것은 아니다. 직원 수가 아무리 많아도 일하지 않는다면 아무 의미가 없듯이, 차량의 대수가 아무리 많아도 주행을 하지 않는다면 플릿 러닝은 일어날 수가 없다. 또한 주행을 아무리 많이 하더라도 수집할 수 있는 데이터의 유형과 품질에 제약이 있다거나 개별 차량의 소프트웨어적 진화가 어렵다면, 플릿 러닝을 통한 네트워크의 가치를 만드는 데 한계가 있을 수밖에 없다.

테슬라는 모든 차량을 완전 자율주행이 가능한 수준의 하드웨어·소프트웨어를 가진, 바퀴 달린 컴퓨터로 만들어 가고 있다. 지속적으로 주행이 더욱 안전하고, 경제적이고, 편리하게 되도록 함으로써 더 많이 돌아다닐 수밖에 없게 되는 것이다.* 그 결과 2024년 말 현재 FSD 버전 13의 배포를 통해 완전 자율주행에 한층 더 가까워졌다. 차량이 스스

테슬라 자율주행(FSD Supervised) 마일리지

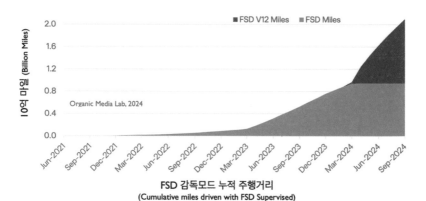

FSD 감독모드 누적 주행거리
(Cumulative miles driven with FSD Supervised)

Source: Tesla Q3 2024 Earnings Report

2024년 9월 기준 누적 FSD 주행거리는 20억 마일(약 32억 킬로미터)을 넘어섰다.[20] 일론 머스크는 FSD 주행거리가 60억 마일(약 96억 킬로미터)에 도달할 때 완전 자율주행이 달성될 것이라고 예측했다.[21] 2024년 9월 기준 6개월 만에 10억 마일이 추가되었고, 가속화되는 추세를 보면 40억 마일이 추가되는 데 1년 정도(2025년 말) 걸릴 것으로 추정된다. (테슬라 플릿의 총 누적 주행거리는 2023년 5월 기준 1000억 마일이었고, 2024년 말 현재 1800억 마일 정도로 추정된다.[22]

*FSD V12 Miles: FSD 버전 12로 주행한 거리.

로 주차장에서 깨어나서 목적지에 도착해 다시 스스로 주차할 때까지, 운전자의 개입 없이 '주차에서 주차까지(Park to Park)'가 가능한 버전이 현재 실제 도로에서 고객들을 통해 테스트되고 검증되고 있다.[23]

물론 극한의 상황까지 기꺼이 테스트하면서 팔로어들에게 정확하고 생생한 정보를 제공하기 위해 낮, 밤, 새벽까지 노력하고 있는 테슬라 오너 테스터(유튜버)들은 그 과정에서 개발팀이 미처 테스트하지 못한 수많은 데이터를 모으는 중이다. 곧 한국을 포함한 전 세계의 플릿이 참여하게 될 것은 물론이다. 플릿의 규모가 현재 수백만 대에서 곧 수천만 대로 커지면 플릿 러닝은 더욱 가속화되고, 어느 순간 임계점을 넘게 될 것이다. 이때 수백만 또는 수천만 대의 테슬라 차량은 로보택시로 변신하는 것이다.

웨이모인가, 테슬라인가?

지금까지 테슬라의 플릿 러닝에 대해 살펴보았다. 현재 테슬라와 같이 대규모 플릿을 기반으로 이 글에서 언급한 관점의 '완벽한 차량'을 만들기 위해 노력하는 기업은 없다. 웨이모 같은 기업은 수백 대의 소규모 차량으로 제한된 지역에서 로보택시 서비스를 제공하고 있다. 웨이모가 자율주행 서비스를 가장 먼저 시작했기 때문에 테슬라가 따라잡기

• 실제로 미국 내 테슬라 차량의 연평균 주행거리(Y의 경우 1만 3768 마일)는 일반 차량의 평균(1만 1142마일)보다 높다.

어려울 것이라는 주장(선점 효과(First Mover Advantage))이 여전히 있다. 반대로 서비스를 먼저 시작하기는 했지만 지역이나 규모를 확대하기가 어려워 테슬라가 곧 추월할 것이라는 주장(네트워크 효과)도 있다. 웨이모의 경우, 고정밀 지도(HD map)와 라이다·레이더·초음파 센서 등을 기반으로 자율주행을 하고 있고 R&D도 소규모 플릿으로 하고 있기 때문이다. 여러분이라면 어디에 베팅할 것인가?

수퍼차저 네트워크: 항공관제 시스템이라고요?

테슬라의 수퍼차저 네트워크는 그동안 다른 경쟁사들을 압도하는 무기였다.[24] 하지만 테슬라는 "지속 가능한 에너지로의 전환을 가속화한다"는 미션에 따라 경쟁 업체에도 개방하기로 결정했고, 이제 북미 시장에서는 거의 모든 업체가 테슬라의 충전표준(NACS)을 채택하고 수퍼차저 네트워크에 참여하게 되었다. 일부에서는 테슬라가 수퍼차저를 개방하는 결정을 하자 그동안 누렸던 경쟁 우위를 잃게 될 것이라고 우려하기도 했다. 장기적인 관점에서 이 결정이 테슬라에게 득이 될까, 실이 될까? 이에 답하기 위해서는 우선 수퍼차저 네트워크의 본질을 이해해야 한다.

테슬라의 충전 비즈니스를 책임지고 있었던 레베카 티누치(Rebecca Tinucci)는 테슬라 트립 플래너(장거리 여행을 할 때 최적의 충전소로 안내해 주는 소프트웨어)의 궁극적인 목표가 항공 교통 관제 시스템(air traffic controller)과 같은 전 세계적 차원의 전기차 충전 관제 시스템을 만드는 것이라고 했다("Ultimately our vision for trip planner is that it's the air traffic controller for electric vehicle charging across all infrastructure on a global basis").[25]

테슬라가 전기차와 충전기를 하나의 네트워크 관점에서 접근하고 있다는 것을 명확히 보여주고 있다. 이는 아마존이 판매자와 구매자를 하나의 네트워크로 연결시킨 것과도 같다.[26] 아마존은 판매자와 구매자의 네트워크에서 발생하는 선순환을 극대화하고 악순환을 최소화함으로써 기존 커머스 기업들과는 차원이 다른 가치를 만들고 지속적으로 기하급수적 성장을 이루어 왔다.

이 글에서는 테슬라의 전기차와 충전기가 어떻게 하나의 네트워크

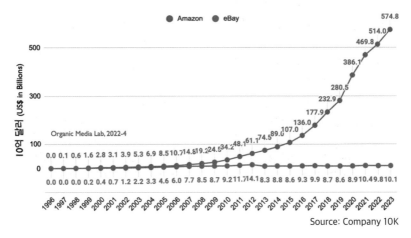

아마존과 이베이의 매출 성장 (1996~2023)

Source: Company 10K

이베이는 이커머스의 선두 주자였지만, 판매자와 구매자를 하나의 유기체로 묶어 내지 못해 아마존에 뒤처지게 되었다.

(양면으로 이루어져 있지만 하나의 유기체로 진화하는 네트워크)를 이루고 있는지, 어떻게 선순환을 극대화하고 악순환을 최소화하는지에 대해 자세히 알아본다.

수퍼차저와 트립 플래너

지금 이 글을 쓰고 있는 판교의 카페에서 부산역으로 가야 한다고 가정하자. 문제는 충전이다. 테슬라에 익숙지 않다면 어디에서, 얼마나 충

테슬라 모바일 앱에서 확인한 결과 배터리 잔량 44%로 판교에서 부산역으로 가려면, 상주 수퍼차저에서 12분간 충전해야 하고 부산에 도착하면 배터리가 11% 남는다.

현재 상주 수퍼차저의 충전기 12개 중 10개가 사용 가능하며, 최대 250킬로와트로 충전할 수 있다. 이미 미국에서는 충전소로 몇 대의 차량이 향하고 있고, 도착 예정 시간에는 몇 대가 사용 가능한지도 알려주고 있다.

전해야 하는지, 시간이 얼마나 추가될지 걱정할 것이다. 하지만 테슬라의 트립 플래너는 이런 걱정을 덜어 준다. 테슬라 모바일 앱 또는 차 안의 내비게이션에 목적지를 입력하면 어느 충전소에 들러 얼마나 충전하면 되는지 알려준다. 실시간으로 차량과 충전소의 상황을 고려하여 새로운 경로로 안내하기도 한다.

이처럼 테슬라 차량과 충전기는 트립 플래너라는 소프트웨어를 통해 가장 편리하고 효율적인 주행·충전 경험을 제공한다. 소프트웨어 중심적 관점에서 보면 테슬라의 트립 플래너가 제품이다. 트립 플래너를 제공한다고 직접적인 수익이 발생하는 것도 아닌데, 이것을 제품으로 보고 주력하는 것이 맞을까? 이에 답하기 위해서는 테슬라 트립 플래너의 역할과, 이를 통해 다른 사업자의 서비스에 비해 테슬라가 지닌 경쟁 우위는 무엇인지 알아볼 필요가 있겠다.

전기차와 충전기 관계의 딜레마

일반적으로 우리는 '더 많은 충전기가 있으면 전기차의 가치가 높아지고, 더 많은 전기차가 있으면 충전기의 가치가 높아진다(자동차와 충전기의 교차 네트워크 효과)'고 생각한다. 이러한 사고에 근거해 정부의 지원으로 충전기의 수를 늘리는 데 집중하고 있는 것이 현실이다. 가는 곳마다 충전소를 운영하는 주체도 다 달라서 차 안에는 수십 개의 충전카드가 쌓이고 있기도 하다. 그런데 이는 문제를 매우 피상적으로 파악한 접근이다.

수퍼차저 네트워크의 선순환 구조

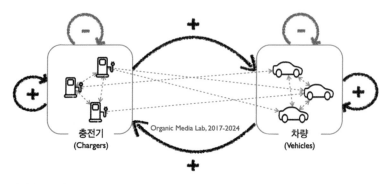

수퍼차저 네트워크는 자동차와 충전기의 양면 네트워크로 이루어져 있다.

충전기 입장에서 보면 이용률이 높아질수록 좋지만 충전을 해야 하는 전기차 입장에서는 이는 대기 시간이 길어질 가능성을 높이게 된다(차량 간의 부정적 직접 네트워크 효과). 이미 우리나라 고속도로 휴게소의 급속(CCS1) 충전소에서 일어나는 현상이다. 반대로 전기차 입장에서는 충전기가 많으면 많을수록 좋지만 충전기 입장에서는 이용률이 낮아져 지속 가능한 비즈니스가 되기 어렵다(충전기 간의 부정적 직접 네트워크 효과).

게다가 충전기 네트워크는 다른 네트워크에 비해 지리적 밀도에 크게 영향을 받는다. 아무리 전국적으로 충전기 수가 많아도 전기차들이 주로 다니는 고속도로에 충분하지 않다면 아무 소용이 없다(이러한 점에서는 아마존의 네트워크보다 우버의 네트워크와 유사하다[27]). 즉, 전기차의 경로를 고려하여 충전기의 위치와 수를 결정하는 것이 매우 중요하다.

이러한 것들을 모두 고려하여 전기차의 대기 시간과 충전 시간(최종

적으로는 총 주행 시간)은 최소화하면서 충전기의 이용률을 일정 수준 이상으로 높여야 한다는 상충되는 문제를 해결해야 한다. 특히 아마존 네트워크에서 판매자를 영입하는 문제와 달리, 충전기 설치에는 비용도 많이 들고 한번 설치하면 폐쇄나 이전도 쉽지 않다. 충전기 공급이 탄력적이지 않기 때문에 생기는 문제는 복잡하다.

'항공관제 시스템'이라고요?

테슬라는 이러한 문제를 근본적으로 해결하기 위해 접근하고 있다. 비행기의 경유를 충전으로 생각하면, 테슬라의 충전 문제는 비행기와 공항 간의 문제와 매우 유사하다. 트립 플래너를 항공관제 시스템(air traffic controller)에 비유한 이유다. 항공관제는 비행기, 공항(활주로), 비행(flight) 간의 매우 복잡하고 실시간으로 변하는 상황을 동적으로 해결해야 하는 매우 어려운 문제다.

이러한 문제를 도로에서 근본적으로 해결하기 위해서는 자동차의 실시간 경로뿐 아니라 충전소의 상황을 실시간으로 파악하고 이를 기반으로 도착 시간·대기 시간·충전 시간 등을 정확하게 예측할 수 있어야 한다. 차량과 충전소의 실시간 데이터와 그 기록은 차량의 충전 시간을 포함한 주행 시간을 최적화할 수 있고, 충전소의 이용률을 높일 수 있다. 또한 이러한 데이터를 기반으로 최적화된 신규 충전소의 위치와 충전기 수를 결정할 수 있다. 차량과 충전소 데이터를 통합적으로, 실시간으로 수집하고 관리하는 테슬라는 이러한 문제를 해결하기에 최

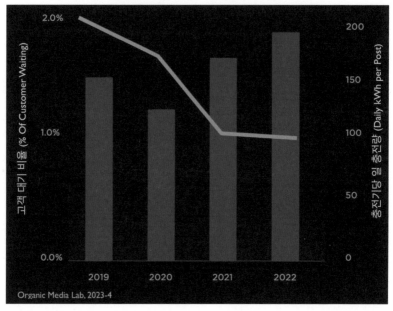

대기 시간은 줄고 충전소 이용률은 높아졌다

Organic Media Lab, 2023-4

테슬라는 2022년 말 기준 충전기 이용률을 높이면서 대기는 줄였다. (Source: Tesla 2023 Investor Day Presentation)

적화된 상황에 있다.

실제로 테슬라는 지난 4년간 충전기 이용률(일 충전 전력량 kWh)을 30% 이상 올리면서 대기(대기 고객 비율)는 절반으로 줄였고, 한 대당 충전 시간을 지난 5년간 30% 이상 줄였다.

실질적인 충전 시간(점유 시간)을 줄이는 것은 동시에 충전소의 이용률을 높이기 때문에 매우 중요하다. 예를 들어, 배터리의 특성상 충전 초기에 충전 속도가 매우 높고 뒤로 갈수록 느려진다. 배터리가 거의 없는 상태에서 충전을 시작하면 매우 빠른 속도로 충전되지만, 거의 채

충전 시간 30% 감소

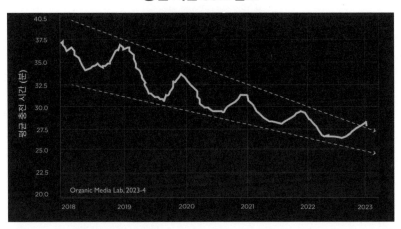

테슬라는 5년간 충전 시간을 30% 줄였다. 충전에 걸리는 시간을 줄이는 것은 차량의 충전 속도를 높이는 것만으로 해결되지 않는다. 차량의 충전 속도를 지원할 수 있는 충전기, 효율적인 경로 선택, 충전기의 밀도, 차량의 전비(효율성), 배터리 프리컨디셔닝, 고객 교육 등이 복합적으로 고려되어야 한다. (Source: Tesla 2023 Investor Day Presentation)

워지면 충전 속도가 느려지는 것이다. 그렇다면 차량이 100% 충전되도록 기다리는 것보다는 약 3분의 2만 충전하고 출발하는 것이 차량 오너에게도(시간의 절약) 테슬라에도(충전기의 회전율) 유리하다. 이런 경우를 위해 테슬라는 목적지까지 가기 위해 충분히 충전되었다고 판단되면 지금 출발해도 충분하다고 알려 주기도 한다.

이와 같이 테슬라의 트립 플래너는 효율적인 경로를 안내할 뿐 아니라 충전 속도(kW/h)를 높이고, 충전기 수를 늘리고, 전기차의 효율성(km/Wh)을 높이고, 충전하기 전 배터리의 상태를 최적화하는 (preconditioning) 등 차량과 충전기의 성능과 궁합을 높이기 위해 최선

수퍼차저 네트워크의 효율성

■ 누적 충전기 수 ● 충전기 당 차량 수

Organic Media Lab, 2024

Source: https://supercharge.info/data

충전에 대한 테슬라의 통합적 접근은 충전기 한 대에 더 많은 차량이 충전하면서도 대기·충전·주
행 시간을 대폭 줄였고, 충전 원가를 줄이는 데도 크게 기여했다.

의 노력을 기울이고 있다. 이는 차량과 충전기의 하드웨어·소프트웨어,
충전 세션에 대한 실시간 기반의 통합적인 데이터가 있기에 가능하다.

이처럼 문제에 대한 본질적이고 네트워크 중심적인 접근을 통해, 수
퍼차저 충전기 한 대가 커버하는 차량의 수(충전기당 차량 수)는 5년 전의
40대에서 약 100대로, 즉 2.5배로 늘었음에도 불구하고 충전 시간과 대
기 시간을 줄이는 결과를 가능케 했다. 또한 이러한 접근은 전기 비용
을 제외한 충전 원가($/kWh)를 2년간 40% 줄이는 데 크게 기여했다.

득인가, 실인가?

수퍼차저 네트워크가 다른 경쟁사(충전 업체와 전기차 업체)들을 압도하게 된 것은 이러한 노력 덕택이다. 그렇다면 수퍼차저 및 관련 기술이 경쟁사에 개방되면 테슬라에 어떤 영향이 미칠까? 수퍼차저 네트워크의 개방은 단기적·장기적 관점으로 나눠서 의미를 정리해 볼 수 있다.

단기적으로는 테슬라 차량만이 누렸던 경쟁 우위를 내려놓음으로써 경쟁사를 비롯해 전기차 전체의 가치를 높이는 결과를 가져온다. 더 이상 충전 걱정 때문에 테슬라를 구매할 이유는 사라지지만, 전기차 구매를 망설일 장벽이 줄어드는 것이다.

다른 한편으로는 수퍼차저에서 테슬라의 제품과 서비스에 대한 노출이 많이 일어날 수밖에 없고, 이는 경쟁사의 전기차 고객이 테슬라의 고객이 될 가능성을 높이게 될 수 있다. 이 책 한 권을 통해 정리하고 있는 것처럼, 테슬라의 경쟁 우위는 단순히 편리한 충전에만 있지 않기 때문이다.

그런데 더 중요한 것은 장기적 관점이다. 점차 경쟁사의 전기차들과 충전기가 테슬라의 수퍼차저 네트워크에 참여함으로써 수퍼차저 네트워크의 성장을 가속화한다는 점에서는 테슬라에게 매우 유리하다고 할 수 있다. 테슬라 수퍼차저를 사용하는 전기차가 증가한다는 것은 경쟁 충전 네트워크의 이용률이 떨어진다는 것을 의미한다. 그렇지 않아도 이용률이 낮고 적자에 허덕이는 상황에서 반강제로 사용할 수밖에 없었던 고객들이 떠나게 되는 것이다.[28] 결과적으로 테슬라 수퍼차저 네트워크는 더 빠른 속도로 성장하고, 다른 충전 네트워크들은 성장이 정체되거나 역성장할 가능성이 높아진다.

그 결과는 항상 강조했듯이 큰 네트워크가 작은 네트워크를 고사시키는 것이다. 하지만 안타깝게도 아직까지 많은 제조사와 충전 업체가 이를 (CCS1에서 NACS로) 포트의 변화 정도로 받아들이고 있다. 테슬라가 만들고 있는 것은 차량이 아니라 네트워크이며, 충전소가 아니라 네트워크다. 지금까지 살펴본 것처럼, 더 많은 차량이 수퍼차저 네트워크를 사용하면 사용할수록 모두 테슬라의 네트워크를 위해 일하는 결과를 가져올 수 있도록 만들어 놓았다는 것이 핵심이다. 이것이 테슬라의 경쟁력이다.

이 글을 시작하며 테슬라 수퍼차저의 개방이 득이 될지, 실이 될지 질문을 던졌다. 전문가들의 우려처럼 과연 경쟁 우위를 잃는 결과를 가져오게 될까? 이에 대한 답은 충분히 얻었을 것으로 생각된다.

로보택시 네트워크: 웨이모인가, 우버인가?

테슬라는 2024년 10월 10일 'We, Robot' 행사에서 로보택시를 발표했다. 대부분의 언론에서는 이미 웨이모나 죽스(Zoox) 등이 로보택시를 운행하고 있는데 '새로운 것이 없다', '알맹이가 없다', '대량 생산과 먼 콘셉트다' 등 깎아내리기에 여념이 없었다. 물론 자율주행 소프트웨어가 완성되지 않은 상황을 고려하면 그렇게 해석할 여지가 없는 것은 아니다. 애플에 이어 GM의 크루즈까지 자율주행을 포기하는 상황인데,[29] 그럼 테슬라가 자율주행을 완성하고, 심지어 이를 기반으로 로보택시 사업까지 성공할 수 있을까? 쉽지 않은 질문이다. 그런데 이에 대한 답은 테슬라의 경쟁사가 누구인지 정확히 알게 되면 쉽게 할 수 있다.

테슬라 경쟁사를 알아보는 방법

비즈니스의 성패를 판단하기 위해서는 비즈니스의 경쟁 구도를 이해하는 것이 중요하다. 하지만 사람들은 대부분 전통적인 관점에서 비즈니스의 경쟁 구도를 파악한다. 예를 들어 애플 아이폰의 경쟁 제품·비즈니스를 삼성 갤럭시라고 생각한다. 하지만 이는 하드웨어, 즉 전통적 관점이다. 소프트웨어 관점에서는 구글의 안드로이드다. 하드웨어 관점에서만 경쟁 구도를 파악하면 비즈니스의 경쟁력을 제대로 파악할 수가 없다.

그렇다면 테슬라의 경쟁사는 누구인가? 이 책을 여기까지 읽은 이 시점에도 토요타나 현대기아차가 테슬라의 경쟁사라고 생각하는 분은 없겠지만, 대부분의 사람들은 이들 또는 중국의 BYD가 경쟁사라고 생각한다. 그렇다면 테슬라의 진짜 경쟁사는 어디일까? 답을 하려면 관점에 따라 경쟁 구도가 어떻게 달라지는지 자세히 살펴볼 필요가 있다.

하드웨어 관점

하드웨어 관점에서 보면 토요타 등의 기존 자동차 제조업체(이른바 OEM)들이 테슬라의 경쟁 기업이다. 종종 테슬라가 전기차를 만들기 때문에 전기차 업체들 간의 경쟁으로 축소해서 보는 경우가 있지만(이 경우 중국의 BYD가 테슬라를 넘어섰다고 좋아하지만 현대기아차에 더 큰 위협이다), 이는 매우 큰 실수다.

마찬가지로 미래의 자동차가 하이브리드냐, 수소전기차냐, 전기차냐라는 논란도 하드웨어에 국한된 관점이다. 운전대가 없는 로보택시가 이미 돌아다니고 있으니 테슬라의 로보택시가 새로울 것이 없다는 주장도 하드웨어 관점이다. 하드웨어 관점이 중요하지 않다는 것이 아니다. 하드웨어 관점에서는 보이지 않는 것들이 너무 많다는 것뿐이다.

소프트웨어 관점

소프트웨어 관점에서 보면 테슬라의 경쟁사는 어디일까? 자동차 OS
기준으로 본다면 안드로이드 오토모티브 OS를 제공하는 구글이라고
할 수도 있다. 기존 자동차 업체들이나 리비안 같은 전기차 스타트업들
도 자동차 OS를 만들고 있다. 물론 아직 스마트폰 시장의 애플 iOS와
구글 안드로이드처럼 주목할 만한 경쟁 구도는 형성되어 있지 못하다.

　자율주행 소프트웨어 기준으로 보면, 웨이모나 아마존의 죽스, 그리
고 자율주행 스타트업 콤마AI, 중국의 바이두 같은 기업이 경쟁사라고
할 수 있다. 자율주행 소프트웨어 시장에서 웨이모가 앞서 있다고 하지
만, 이전 글에서 다뤘듯이 아직 확장성(scalability) 면에서 많은 문제점
을 안고 있다.

네트워크 관점

그런데 실제로 테슬라가 만들고 있는 것은 테슬라 네트워크, 즉 이동의
네트워크다. 네트워크 관점에서 보면 테슬라의 경쟁사는 달라진다. 물
론 로보택시 서비스를 제공하는 웨이모도 경쟁사이기는 하지만, 테슬
라가 궁극적으로 넘어야 할 경쟁사는 우버다.

	대표적 경쟁사 / 제품	테슬라 제품	경쟁 기준
하드웨어	토요타 / 라브4 웨이모 / 지커 로보택시	모델 Y 사이버캡	SUV 로보택시
소프트웨어	구글 / 안드로이드 오토모티브* 웨이모 / 드라이버	테슬라 OS** FSD	OS 자율주행
네트워크	우버 / 우버	테슬라 네트워크***	운송 서비스

이렇게 테슬라의 경쟁사와 제품은 관점에 따라 달라진다. 만약 하나만 선택해야 한다면 테슬라의 경쟁사를 어디로 보는 것이 맞을까? 하드웨어도 소프트웨어도 아닌 우버다. 가장 큰 가치를 만들 수 있는 비즈니스이기 때문이다.

그렇다면 아직 시작도 하지 않은 테슬라의 로보택시 네트워크가 700만 명의 운전자와 1억 5000만 명의 승객을 가진 우버와 경쟁이 될지 의문이 들 것이다.[30] 큰 네트워크가 작은 네트워크를 고사시키는 세상에서 어떻게 우버라는 거대한 네트워크를 테슬라가 넘어설 수 있을까? 답을 하려면 로보택시 네트워크의 구조와 이 네트워크가 가진 네트워크 효과를 이해할 필요가 있다.

• 안드로이드 오토모티브는 인포테인먼트 중심인 반면, 테슬라 OS는 모든 소프트웨어 단위를 포함하므로 직접적인 경쟁 제품이라 하기는 어렵다.

•• 테슬라에서 명시적으로 이름을 붙이지는 않았지만, 일반적으로 테슬라의 자동차 OS를 지칭한다.

••• 일론 머스크는 로보택시 서비스를 '로보택시 네트워크' 또는 '테슬라 네트워크'라 부른다.

로보택시 네트워크의 선순환을 찾아

로보택시 네트워크는 우버와 같은 유형의 네트워크다. 운전자 없는 택시와 탑승객 간의 양면 네트워크(2-sided network)로, 더 많은 택시는 더 많은 탑승객을 끌어들이고 더 많은 탑승객은 더 많은 택시를 끌어들이는 선순환 구조(긍정적 교차 네트워크 효과)를 가지고 있다. 물론 더 많은 승객은 승객 간의 경쟁을 만들어 택시비 상승이나 대기 시간 증가 등의 부정적 효과(부정적 직접 네트워크 효과)를 가지기도 한다. 택시 간에도 더 많은 택시는 택시비 하락이나 공차 시간의 증가와 같은 부정적 효과를 가진다.

지리적 밀도와 선순환

페이팔 마피아 중 한 명인 데이비드 삭스(David Sacks)는 우버에서 "지리

로보택시 네트워크의 선순환 구조

로보택시 네트워크는 차량과 승객의 양면 네트워크로 이루어져 있다.

적 밀도는 새로운 네트워크 효과"를 만든다고 한 바 있다.[31] 이는 앞에서 설명한 수퍼차저 네트워크와도 같은 맥락으로, 지리적 밀도란 특정 지리적 영역 내에서 서비스 수요(탑승객)와 공급(택시)의 집중도를 의미한다. 물리적 이동과 관련된 비즈니스의 경우, 지리적 밀도를 높이고 이의 균형을 유지하는 것이 매우 중요하다. 우버는 이러한 네트워크 효과가 가지는 선순환 구조를 극대화함으로써 현재의 위치를 점하게 되었다.[32]

지리적 밀도는 택시 서비스에서 대기 시간, 이용률, 가격에 핵심적인

지리적 밀도가 새로운 네트워크 효과다

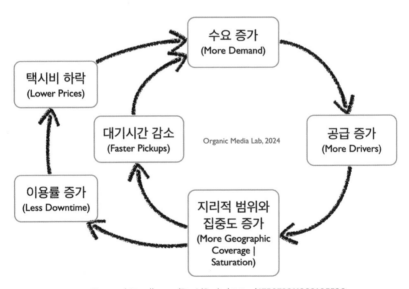

Source: https://x.com/DavidSacks/status/475073311383105536

우버의 선순환: 지리적 밀도는 탑승객의 대기 시간과 비용을 낮춰 더 많은 수요(more demand) 를 창출하고, 이는 더 많은 공급(more driver)을 일으켜 지리적 범위와 집중도(more geographic coverage/saturation)를 높인다.

영향을 미친다.

대기 시간

대기 시간은 탑승객이 네트워크에 참여하는 데 핵심적인 요소다. 대기 시간이 길거나 예측하기 어려우면 탑승객은 사용을 꺼리게 된다. 대기 시간을 줄이기 위해서는 지역 내의 택시 공급이 늘어야 한다. 더 많은 택시가 참여하면서 지역적 밀도가 높아지면 평균 대기 시간과 편차가 줄어들어 더 많은 수요가 창출된다. 그리고 대기 시간이 일정 시간(우버의 경우 5분)보다 낮아지면 수요에는 크게 영향을 미치지 않는다.

이용률

택시가 탑승객을 태우고 운행하는 시간의 비율로, 이는 택시의 수익과 직결된다. 택시 수요가 늘어 지역적 밀도가 높아지면, 이용률이 높아져 택시의 수익이 늘어난다. 물론 새로운 지역이라면 초기에는 이용률이 낮을 수밖에 없는데, 이는 우버가 보완해 준다. 참여하는 택시에 초기 수수료를 받지 않거나, 새로운 운전자를 데려오면 추천(referral) 보상을 하는 등 새로운 지역에 일찍 들어올수록 유리한 구조를 보장하는 것이다. 우버의 경우 평균 이용률이 50% 정도로 추정된다.[33]

가격

가격이 낮아질수록 새로운 수요가 창출된다. 택시에 대한 투자 비용과 운행 비용(연료비·인건비·유지보수비)이 낮아지거나 택시의 이용률이 높아지면, 택시의 수익을 보장하는 범위 내에서 택시비를 낮출 수 있다. 운전자의 서비스 제공 비용이 낮아지면 공급이 늘어날 수밖에 없고, 이는 짧은 대기 시간과 함께 탑승 수요를 늘린다. 물론 일시적 수요 초과가 발생하면(예를 들어 새해 전야), 탄력적으로 가격을 올려 공급을 촉진한다.[34] 우버의 이용 가격은 미국 시장에서 1마일당 평균 2달러 수준이다.

우버는 특정 지역에서 더 많은 택시(운전자)가 참여하도록 경제적·제도적 인센티브(예를 들어 저렴한 차량 구매 금융 서비스 등)를 제공함으로써 택시의 지리적 밀도를 우선 높인 후 탑승객의 밀도를 높이는 전략을 취했다. 지리적 밀도의 균형이 맞게 되면 주변 지역으로 확장하거나 수요에 따라 새로운 도시로 확장한다. 2024년 중반 현재 70여 국가, 1만여 도시에서 하루에 3000만 회 이상 서비스를 제공하고 있다.[35]

다윗인가, 골리앗인가?

현재 웨이모를 비롯한 로보택시 서비스의 규모는 우버와는 비교할 수 없을 정도로 작다. 웨이모는 2024년 10월 기준 700여 대[36]의 차량으로 매일 2만 회 정도 서비스[37]를 제공하고 있다. 이는 우버의 0.07%에 불과하다. 그렇다면 아무리 테슬라의 로보택시라도 이 상황을 극복할 수 있을까? 지금부터는 테슬라만이 가질 수 있는 경쟁력을 살펴보고, 우버가 가진 네트워크 효과와 규모의 경제 효과를 넘어설 수 있을지 가늠해 보자.

낮은 원가

택시 서비스에서 가장 높은 원가 비중을 차지하는 것은 운전자 비용(원가의 70%)이다. 그런데 테슬라의 로보택시에서는 이 비용이 발생하지 않는다. 또한 웨이모와 같이 로보택시 전용 차량이 아니라 기존의 차량(모델 3, Y등) 그리고 더욱 저렴한 사이버캡(테슬라의 로보택시 전용 차량)을 이용하게 되므로 초기 투자 비용이 적게 든다. 테슬라에서는 장기적으로 1마일당 원가를 0.2달러 수준으로 예상하고 있다.[38] 우버는 1달러 정도로 알려져 있다.

이러한 원가 구조의 차이를 통해 테슬라는 선제적 가격정책(pre-emptive pricing)을 효과적으로 펼칠 수 있다. 시장 진입 시 1마일당 0.2달러, 더 나아가 무료로도 서비스를 제공할 수 있다. 무료로 신규 고객을 유입하더라도 일반적인 신규 고객 유치 비용(우버는 초기에 탑승객에게만 20달러를 제공했다)에 비하면 매우 낮다.

높은 서비스 품질

우버는 기존 택시 서비스의 품질을 한 차원 높였다. 앱을 통한 호출 및 결제는 편리함을 높였고, 특히 운전자·차량에 대한 평가는 서비스에 대한 신뢰도를 높였다.[39] 하지만 여전히 운전자에 따라 서비스 품질에 편차가 있을 수밖에 없다. 테슬라의 로보택시는 운전자에 따른 편차를 없앨 수 있고(이미 그 어떤 우버 운전자보다 편안하고 안전하게 운전한다는 평가가 있다[40]), 개인의 프라이버시를 보장한다. 이러한 높은 서비스 품질과 저렴한 가격을 기반으로 공격적인 수요 창출이 가능하다.

높은 확장성

웨이모의 경우 유료 서비스를 시작한 지 4년이 지났지만, 플릿의 규모가 700대 수준이다.[41] 앞선 글에서도 살펴보았지만 높은 차량 비용, 고정밀 지도(HD Map) 유지 비용, 텔레오퍼레이션(teleoperation)을 포함한 플릿 관리 비용으로 규모를 확대하기가 쉽지 않기 때문이다. 반면 테슬라의 차량과 자율주행 소프트웨어 개발은 처음부터 높은 확장성을 염두에 두었다. 이른바 지역 확장성과 플릿 확장성이다.

지역 확장성

웨이모의 경우 새로운 도시에 진입하려면 고정밀 지도가 필요하지만, 테슬라는 고정밀 지도 없이 들어갈 수 있다. 웨이모는 고정밀 지도를 만들어 놓고 가상의 레일을 깔아 놓아야 차량이 다닐 수 있지만, 테슬라는 이러한 고정밀 지도를 사전에 구축하지 않고 기존의 일반적인 지도와 비전에만 의존해서 주행하기 때문이다.

또한 기존 테슬라 차량이 로보택시로 참여할 수 있기 때문에 어느 지역에나 쉽게 진입할 수 있다. 현재 거리를 돌아다니고 있는 테슬라 차량은 700만 대다. 지역 확장성 측면에서 보면 이미 우버의 규모와 크게 다르지 않다.

마지막으로, 테슬라는 서비스 차량을 소유하는 비용이 발생하지 않는다. 고객의 차량을 활용하므로 차원이 달라진다. 반면 웨이모는 차량을 직접 소유하고 관리하기 때문에 오퍼레이션 센터가 필요하다. 청소와 차량 점검 등 자신의 플릿을 소유하고 있기 때문에 드는 비용이다.

플릿 확장성

뿐만 아니라 수백만 대 규모의 기존 테슬라 차량이 언제 어디서나 쉽게 플릿에 참여할 수 있다. 테슬라는 운전자로서 본인의 시간을 사용하지 않아도 되기 때문에 우버에 비해 진입장벽이 매우 낮다. 특히 초기에는 가족 공유(Family Sharing)와 같은 방식으로 참여를 유도하고, 테슬라 오너인 기존 우버 운전자나 기존 차량 공유 서비스(예를 들어 투로(Turo)) 호스트들이 참여할 인센티브를 제공하고, 필요에 따라 테슬라가 직접 참여하여 공급 측면의 지리적 밀도를 쉽게 높일 수 있다.

게다가 우버의 운전자는 24시간 일할 수 없다. 테슬라의 로보택시는 쉬지도, 잠을 자지도 않고 계속 서비스를 제공할 수 있다는 점은 말할 필요도 없겠다.

이 글의 도입에서 했던 질문을 다시 해보자. 여러분은 테슬라의 로보택시 네트워크가 웨이모처럼 틈새 서비스로 머물 것이라고 생각하는가? 또는 우버와 공존하거나 더 나아가 우버의 경쟁 우위를 넘을 수 있을 것이라고 생각하는가? 테슬라의 경쟁사가 누구인지 이해했다면, 그리고 로보택시가 아니라 '로보택시 네트워크'의 가치를 이해했다면 답은 쉬워졌을 것이다.

III
ORGANIZATION

고객이
직원이다

고객 일 시키고 휴가 가기

"우리 개발팀의 북극성(목표)은 '휴가 가기(Operation Vacation)'입니다.
농담 삼아 했던 표현이긴 하지만, 데이터 라벨링 팀이 데이터 세트(data set)를
계속 큐레이션하고 개선하고 있고, 모든 것이 원칙적으로 자동화되면
팀 전원의 휴가가 실제로 가능하죠. 그러는 동안 오토파일럿은
기본적으로 알아서 개선되고요."[1]
—전 테슬라 오토파일럿 팀, 안드레 카파시

오가닉 비즈니스가 한마디로 무엇이냐고 묻는다면, '고객이 직원'이 되는 비즈니스라고 답할 것이다.[2] 고객이 직원이라는 얘기는 듣기만 해도 기분이 좋아진다. '그럴 수만 있다면 얼마나 좋을까?', '많은 경영자들이 동경심을 가지지만 정말 가능할까?' 의구심도 함께 든다. 무엇보다 무슨 의미인지 이해하지 못하기 때문이다. 어떤 이들은 고객의 입소문으로 자기 제품이 더 잘 팔리는 것을, 또 어떤 이들은 후기나 이벤트, 참여 프로그램을 상상한다. 하지만 고객이 직원이 된다는 것은 이런 단발적이고 부차적인 역할을 말하지 않는다. 우리 회사 직원들이 아니라 고객이 가치를 만드는 주인공이 되는 비즈니스를 뜻한다.

네트워크 효과에 대한 이해도 이와 일맥상통한다. 사람들은 대부분 많은 사용자·고객이 있으면 네트워크 효과가 저절로 커진다고 생각한다. 이 오해 때문에 강의와 글에서 많은 시간을 할애하며 어떻게 오해를 풀 것인가 곤혹스러운 적이 많았다. 그래서 나는 '우리가(회사 직원

이) 만든 가치보다 고객이 만든 가치의 비중이 큰 것'을 네트워크 효과라고 정의한다(이 정의는 5부 중 '고객 수가 네트워크 효과를 만들까?'(215쪽)에서 자세히 다룬다). 그렇다면 고객의 역할은 매우 구체적일 수밖에 없다. 고객이 기업을 위해 무엇을 하고 어떤 성과를 내고 있는지, 구체적으로 질문해야 한다.

테슬라 오토파일럿(자율주행 소프트웨어) 개발을 이끌었던 안드레 카파시(Andrej Karpathy)[3]는 오가닉 비즈니스 관점에서 고객의 역할을 이해하고 프로젝트 전체를 고객과 협업하는 구조로 만들었다. 팀의 '작전명 휴가 가기(Operation Vacation)'처럼 고객이 나를 대신해서 일해 주고 나는 휴가를 간다니, 얼마나 허황된 이야기로 들리는가.[4] 하지만 이러한 일들이 테슬라 곳곳에서 일어나고 있고, 매일 이 목표에 한 발씩 더 다가가고 있다. 테슬라에서는 '고객이 직원'이다.

'고객이 직원이다'의 의미

그렇다면 테슬라에서는 어떻게 고객이 직원이 되고, 구체적으로 어떤 역할을 하고 있는가? 앞선 글에서 언급했듯이, 테슬라는 2021년 주행 보조 시스템에 사용되는 레이더를 제거했다.[5] 이때 의사 결정부터 안전성 검증, 실제로 차량에서 레이더를 제거하는 데까지 걸린 시간은 고작 3개월이다.[6] 어떻게 가능했을까? 문제 해결을 위해 레이더 제거를 계획한다고 해도 차량에 적용되기까지 수년이 걸릴 수밖에 없다. 그런데 이런 일이 테슬라에서는 3개월 만에 가능했다. 바로 고객의 역할 덕택이

테슬라의 고객 가치 사이클

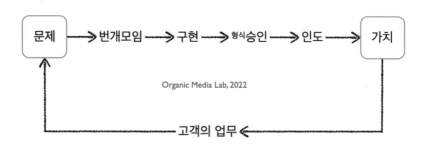

Organic Media Lab, 2022

테슬라에서는 고객의 문제에서 출발해서 고객의 도움으로, 고객의 문제를 해결하고, 그 결과를 고객에게 전달하는 것까지의 여정에 고객의 역할이 주도적이다.
* '번개 모임'은 4부 중 '조직 경영도 테슬라웨이'에서 자세히 다룬다.

다. 테슬라는 고객들에게 레이더와 카메라의 정보가 불일치하는 정확한 데이터를 골라서 보내라고 지시했고, 수백만 대의 차량이 이에 기여했다. 테슬라가 좋아서, 돈을 받아서 고객이 협업하는 것이 아니다. 고객은 차량을 운전할 뿐이지만, 그 결과 직원으로서 레이더 제거 프로젝트에 참여하는 결과가 되도록 설계된 것이다.

이렇게 고객이 직원이 되는 일은 일부 프로젝트에서만 발생하는 일이 아니라, 일을 하는 방식 자체가 고객과의 협업에 기반하게 되어 있다. 고객의 문제에서 출발해서 고객의 도움으로, 고객의 문제를 해결하고, 그 결과를 고객에게 전달하는 것까지의 여정은 구체적으로 고객이 직원으로서 자기 역할을 수행하는 여정이기도 하다. 레이더 제거 프로젝트 예시로 고객의 단계별 역할과 업무 과정을 구체적으로 살펴보자. 하나의 사례를 들고 있지만, 사실은 거의 모든 프로젝트에 적용되고 있다.

과제: 고객이 지시한다

기업의 프로젝트는 대부분 상사의 지시에 의해 시작된다. 물론 고객 설문 조사 등을 하기는 하지만 상사(또는 상사의 상사)가 생각하는 고객의 문제, 더 정확하게는 회사의 문제를 해결하는 것이 우선이다. 하지만 테슬라에서는 대부분의 프로젝트가 고객의 피드백으로부터 시작된다. 예를 들어 주행 보조 시스템 작동 시 앞차와의 거리를 레이더와 카메라가 다르게 판단하면, 너무 늦게 급제동을 하게 되거나 일명 '팬텀 브레이킹(phantom braking)' 즉 제동을 하지 않아야 할 때 일시 제동을 하는 현상이 나타난다. 이러한 일(트리거(trigger))이 발생하면 각 테슬라 차량은 이 정보를 테슬라로 보내게 된다.[7] 트리거의 발생 빈도와 안정성에 따라 해결해야 할 문제로 인식되고 우선순위도 정해진다.[8] 고객의 차량이 발견한 문제에서 조직이 해야 할 일이 정해지는 것은 일반적인 기업과는 사뭇 다르다. 대부분의 자동차 회사에서는 고객의 차량에서 발생하는 문제가 '트리거'가 되지도 않지만, 해결해야 할 어떤 문제가 발생하는지도 제대로 확인되기 어렵다.

기획: 고객이 결정한다

해결해야 할 문제가 정해지면, 테슬라에서는 그 문제를 해결할 수 있는 가장 좋은 방법을 찾는다. 고객의 차량이 수집한 데이터를 기반으로 근본적인 원인을 파악하고, 이를 기반으로 의사 결정을 한다. 예를 들어 분석 결과 앞 차량과의 거리가 급격히 가까워지는 경우 레이더의 정보가 부정확하다는 결론을 내리게 되었고, 이러한 상황에서 레이더의 정확성을 근본적으로 높이는 것은 불가능하다는 판단을 하게 되었다. 따라서 레이더를 없애고 카메라로 더욱 정확하게 거리를 측정하는 방법을 선택하기에 이른다. 일반적인 기업에서는 상상하기 어려운 결정이지만, 테슬라는 고객의 데이터를 근거로 했기 때문에 내릴 수 있는 결정이었다.

개발: 고객이 개발한다

문제를 해결할 방향이 결정되면, 문제가 발생하는 상황의 모든 종류의 데이터를 수집하도록 700만 대의 차량에 명령을 내린다.[9] 고객이 차량을 운행하는 중에 유사한 문제가 발생하면 센서 데이터를 포함한 비디오 클립(여덟 대의 카메라에서 녹화된 약 10초 정도의 비디오)을 수집해서 테슬라로 보낸다. 기존 자동차 회사에서는 이러한 방식으로 데이터를 수집하는 것이 불가능하다.

　이 사례에서 테슬라는 일주일 만에 1만 개[10]의 비디오 클립을 수집했을 뿐 아니라 고객의 도움으로 개발된 오토 라벨링(labeling) 시스템[11]을 이용해 라벨링까지 완료했다. (AI를 포함한 데이터 기반 학습에서는 문제의 정답을 알려줘야 하는데, 정답을 알려주는 과정을 '라벨링'이라고 한다. 이 라벨링 과정에는 많은 비용과 노동력이 필요하다. 테슬라의 오토 라벨링 시스템도 고객이 직원이 되어 개발한 대표적인 사례다.) 이렇게 수집되고 처리된 데이터로 카메라를 이용한 거리 측정 시스템을 향상했다.

검증: 고객이 테스트한다

향상된 시스템을 고객의 차에 설치하기 전에 반드시 해야 하는 것이 테스트다. 일반적으로는 테스트 차량을 이용해 수정된 소프트웨어를 검증하지만, 이는 비용과 시간이 많이 들 수밖에 없다. 테슬라에서는 테스트 차량을 이용해 검증을 하기도 하지만, 본격적인 검증은 고객의 차량을 이용한다(고객의 안전을 담보로 테스트하는 것이 아니니 이어지는 문장도 흥분하지 말고 읽기 바란다).

테슬라 차량에는 '그림자 모드(shadow mode)'라 불리는 테스트 모드가 존재한다.[12] 이 그림자 모드는 차량의 컴퓨터에서 백그라운드로 작동하면서 실제 주행에는 전혀 영향을 미치지 않는다. 하지만 실제 주행 환경에서 테스트를 진행함으로써 더 정확한 테스트를 할 수 있고, 차량의 안정성에는 전혀 영향을 미치지 않으면서도 수정된 소프트웨어를 검증할 수 있다. 안전성에 있어서, 테스트 전용 차량에서 제한적인 테스트를 하는 다른 자동차 회사와는 차원이 다른 결과를 얻을 수밖에 없다. 검증 시 문제가 발생하면 다시 개발 단계로 돌아가 추가적인 데이터를 수집하고, 이를 이용해 시스템을 향상한다. 테슬라에서는 레이더를 없애기 위해 이러한 그림자 모드 테스트를 일곱 번이나 진행했다.

실행: 고객이 정비한다

검증이 끝난 소프트웨어는 고객의 차량에 설치된다. 기존 자동차 회사에서는 소프트웨어 업데이트를 포함한 차량 유지 보수가 대부분 정비 센터에서 이루어진다. 테슬라 차량의 유지 보수는 대부분 소프트웨어

테슬라 데이터 엔진

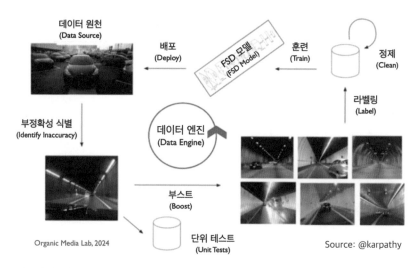

Organic Media Lab, 2024

Source: @karpathy

안드레 카파시에 따르면 데이터 엔진은 반복적인 데이터 획득(iterated data acquisition), 재훈련 (re-training), 평가(evaluation), 배포(deployment), 원격 측정(telemetry)으로 이루어져 있다.[13] 테슬라 오토파일럿 팀의 '데이터 엔진'은 고객 없이는 돌아가지 않는다.

업데이트를 통해 고객의 손으로 이루어진다(고객에게 귀찮은 과정이 아니라 테슬라 차주들이 오히려 기다리는 이벤트다). 거의 대부분의 리콜도 고객의 소프트웨어 업데이트로 진행된다.[14] 이 사례에서는 신규로 생산되는 차량에서 레이더와 관련된 하드웨어를 제거했고, 기존 차량은 소프트웨어 업데이트를 통해 레이더를 사용하지 않도록 했다. 이렇게 고객 손에 인도된 차량은 다시 실전 상황에서 발견한 문제를 테슬라로 보내는 사이클을 다시 시작한다.

테슬라 오토파일럿 팀에서는 이러한 일련의 피드백 루프를 가능케

하는 시스템을 '데이터 엔진'이라고 부른다.[15] 고객의 차량이 테슬라의 자율주행 시스템 개발에 있어 사후적인 피드백을 주는 정도가 아니라 구조적·프로세스적으로 통합되어 있는 것이다. 직원들의 휴가 가기 작전이 가능한 이유다.

고객 없이 일할 수 없는 회사

지금까지 살펴본 것처럼, 테슬라는 고객 없이는 일할 수 없는 구조로 되어 있다. 테슬라가 가진 혁신의 속도를 만들 수도, 더 안전하고 가치 있는 차로 진화시킬 수도 없다. 고객의 노동력을 통해 차량은 더 가치 있는 자동차로 진화하고, 반면 더욱 저렴한 비용으로 생산이 가능해지는 것이다.

고객이 일하게 하려면, 테슬라처럼 모든 일이 고객의 문제에서 출발해야 한다.[16] 조직의 업무 우선순위, 조직의 모든 의사 결정이 고객의 피드백으로부터 결정되는 것이다. 여기서 중요한 것은, 전문가도 아니고 회장님도 아닌 고객에게 의사 결정을 맡기라는 뜻이 아니다. 설문이나 댓글과 게시판을 통해서 하는 피드백을 말하는 것이 아니라, 위에서 살펴본 것처럼 구체적인 고객의 '행동'을 통해서 피드백을 할 수 있도록 만드는 것이 우리의 역할이다. 이로부터 조직이 해결해야 할 과제가 결정되는 것이며, 그러려면 비즈니스 설계, 시스템의 설계 자체가 이를 포함하고 있어야 한다.

테슬라에서 차량은 차 한 대 한 대가 아니다. 전체 차량(고객)과 이로부터의 '피드백 루프'를 포함하는 시스템 자체다.[17] 이러한 고객 차량으로부터의 피드백 루프는 테슬라 내부의 팀에서 내리는 모든 의사 결정에 영향을 미치며, 고객의 차량과 통합된 시스템은 그 누구도 할 수 없는 일을 가능케 한다.

고객이 일하고 직원은 휴가 가는 상황이 정말 가능할까? 우리 회사의 고객이 정말 직원이 되어 줄 수 있을까? 이 질문에 답을 구하는 방법은 간단하다. 우리에게 주어진 오늘의 과제가 고객에게서 시작된 문제가 맞는지 질문해 보는 것이다. 고객이 저절로 직원이 될 수 있는 시스템을 갖추고 있는지 질문하는 것이다. 그래서 고객과 구체적으로 어떤 방식으로 협업하고 있는지, 그 결과 고객이 생산하는 가치가 우리가 생산하는 가치보다 더 커지는 효과를 낳고 있는지, 그래서 제품은 지속적으로 진화하는데 비용은 오히려 절감되는 구조가 동작하는지 살펴보는 것이다. 이것이 오가닉 비즈니스다.

고객의 놀이터, '협업학습엔진'

어떻게 하면 조직 내에서 팀 간, 부서 간 협업을 잘할 수 있게 만들까? 모든 비즈니스의 고민이다. 하지만 고객과의 협업을 고민하는 경우는 드물다. 우리에게 돈을 내는 고객이, 왜 돈을 받고 일하는 우리 직원들과 협업을 하겠는가? 그런데 고객과의 협업이란 바로 이런 고객이 기꺼이 우리의 직원이 되도록 만드는 것을 말한다.

기존 비즈니스에서 우리가 알고 있는 협업은 협업의 주체들이 서로 간의 이익을 따져 의도적으로 서로 돕는 것이다. 이러한 형태의 협업은 고객과의 협업에 적용할 수 없다. 월급을 주는 직원들이 서로 협업하게 만드는 것도 쉽지 않은데, 고객을 기업이 원하는 대로 움직이게 하는 것은 불가능하기 때문이다. 그런 의미에서 고객과의 협업이 비즈니스의 중심이 되게 하려면 협업에 대한 기존의 틀을 깨야 한다. 테슬라의 경우가 그렇다.

테슬라에서 일어나는 협업은 각자 자신의 문제를 해결하기 위해 최선을 다하는데 그 결과가 협업[18]이 되는 경우다(기존 협업의 정의와 테슬라 협업의 차이점은《오가닉 마케팅》의 3장 〈연결된 세상의 협업, 새로운 관계의 시작〉을 참고하기 바란다). 즉 고객은 자신의 문제를 해결하기 위해 최선을 다했을 뿐인데 기업을 위해 일한 결과가 되고, 기업은 이를 기반으로 고객에게 더 가치 있는(즉 문제를 더 잘 해결할 수 있는) 제품·서비스(더 정확하게는 컨텍스트)를 제공하는 것이다. 테슬라의 고객은 출발지에서 목적지까지 안전하고, 편하고, 경제적으로 가기 위해 테슬라를 운전할 뿐이다. 그런데 그 결과 테슬라의 직원으로서 쉬지 않고 데이터를 수집하고, 소프트웨어를 테스트하고, 자발적으로 차를 팔고 있는 것이다.

테슬라는 이러한 형태의 협업이 체계적으로 가능하도록 비즈니스를 설계했다. 우리는 이 구조를 '협업학습엔진(Collaborative Learning Engine)'이라고 명명했다. 여기서 기업의 역할은 엔진의 성능(데이터를 기반으로 한 학습의 효율과 성과, 검증의 정확성과 속도)을 높이는 것이고, 고객의 노동력은 엔진의 연료가 되어 서로 돕는 구조가 된다.

협업학습엔진이란 무엇인가?

협업학습엔진은 컨텍스트화, 데이터화, 정보화 세 가지가 (선)순환하는 구조로 되어 있다.

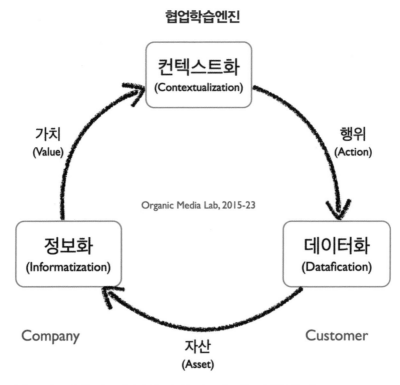

협업학습엔진

컨텍스트화는 행위를 낳고, 데이터화는 자산을 낳고, 정보화는 가치를 낳는다.

컨텍스트화 → 행위

컨텍스트는 고객이 자신의 문제를 해결하기 위해 일하도록 만드는 환경이다. 대부분의 기업은 고객에게 도구(기업의 제품)를 팔고 그것을 가지고 무엇을 하든지 관심이 없다. 하지만 오가닉 비즈니스에서는 고객의 문제를 해결하도록 돕는 것이 존재 이유이고, 이를 위해 필요한 모든 도구 및 환경, 즉 컨텍스트[19]를 제공하는 것이 업이다.●

예를 들어 운전자인 고객이 매일 해결해야 할 문제는 가장 안전하고 빠르고 편하게, 저렴한 비용으로 출퇴근하는 것이다. 그렇다면 이 문제 해결을 돕는 것이 테슬라의 존재 이유가 된다. 고객이 더 안전하고, 빠르고, 편리하고, 경제적으로 이동할 수 있도록 돕는 것이다. 테슬라는 출발지에서 목적지까지 고객이 해결해야 할 크고 작은 문제를 알아서 해결하거나 쉽게 해결할 수 있도록 돕는다. 예를 들어 목적지에 도착했을 때 차가 대신 주차해 주고, 시동을 끄거나 창문과 문을 잠그거나 주차 위치를 확인하는 일도 하지 않도록 돕는다.

컨텍스트는 일반적으로 사용자 인터페이스(User Interface)를 포함한 콘텐츠·소프트웨어로 구현된다.[20] 컨텍스트화는 이러한 컨텍스트를 고객과 함께 만들어 가는 과정이다. 이 과정에서 사용자의 행위가 일어난다. 고객은 자신의 문제 해결을 위해 최선을 다할 뿐이지만, 그 결과는 테슬라를 위해 일을 한 행위로 나타난다. 테슬라가 제공하는 모든 인터페이스, 콘텐츠, 소프트웨어가 이러한 '컨텍스트화'가 가능해지도록 만드는 환경이다. 그렇다면 실시간으로 발생하는 고객의 행위를 이제 어떻게 우리의 자산으로 만들 것인가?

데이터화 → 자산

고객이 기업의 제품을 이용하는 행위(action), 사건(event), 어려움(issue)

• 컨텍스트에 대한 자세한 정의는 《오가닉 마케팅》(윤지영, 오가닉미디어랩, 2017)을 참조하기 바란다.

에 대해 모든 기업이 궁금해하지만, 알 수 있는 방법은 별로 없다. 대부분 사후적이고 별로 도움이 되지 않는 고객만족도 조사로 대신한다.

하지만 이러한 행위, 사건, 어려움에 대한 기록(데이터)은 고객이 어떤 어려움을 겪는지 등을 이해하고, 이를 기반으로 더 나은 컨텍스트를 제공하는 데 가장 중요한 재료이자 자산이 된다. 테슬라에서는 사용자의 운전 경험이 다양한 센서와 아홉 대의 카메라(여덟 대의 실외 카메라, 한 대의 실내 카메라)를 이용하여 기록되고, 이는 차량의 '디지털 트윈(digital twin)'을 이용하여 수집된다.[21] 예를 들어 위에서 언급한 목적지에 도착했을 때 자동으로 주차하는 과정에서 발생하는 어려움(운전자가 개입해야 하거나 시간이 오래 걸리거나)이 기록되고, 이는 문제의 원인을 파악하고 해결하는 데 활용된다.

'데이터화'란 카메라 등 다양한 형태의 센서(하드웨어적 센서만을 지칭하는 것은 아니다)를 이용하여, 고객이 문제를 해결하는 동안 발생하는 행위, 사건, 어려움 등을 기록·수집하여 자산화하는 과정이다. 이 과정에서 중요한 것은 고객이 의식적·의도적으로 피드백을 남겨야만 하는 일이 최대한 없도록 하는 것이다. 의식적·의도적으로 피드백을 남기는 행위는 고객의 문제 해결 과정을 방해하기 때문이다. 테슬라는 거의 모든 데이터를 고객의 운전을 방해하지 않고 기록하고 수집한다.

정보화 → 가치

이렇게 수집된 데이터를 이용해 고객의 문제 해결을 위한 정보로 가공하는 과정이 바로 '정보화'다. 고객의 문제를 더 잘 이해하고 현재의 컨텍스트가 가진 문제를 더 잘 파악하고, 더 나은 컨텍스트를 만드는 과정을 말한다. 대부분의 기업은 정보화를 문서 없는 사무 환경 조성, 현재 업무의 전산화, 정보 시스템 구축 등으로 생각하지만, 이는 정보화의 본질에 대한 이해가 부족하기 때문이다. 정보화는 시스템 구축이 아니라 데이터를 처리하고, 분석하고, 학습하여 고객에게 더 나은 가치를 제공하는 과정이다. 이 가치는 알고리즘, 추론모형, 그래프, 콘텐츠 등을 포함한 컨텍스트의 형태로 고객에게 제공된다. 데이터 마이닝, 머신 러닝, 딥 러닝 등은 정보화의 도구일 뿐이다.

테슬라에서는 고객이 주차를 하면서 겪는 어려움을 분석하고 원인을 파악하고, 더 나은 자동 주차 소프트웨어와 인터페이스를 개발하고, 무선 업데이트를 통해 고객이 주차를 더 쉽게(개입 없이 빠르게) 할 수 있도록 돕는 일련의 과정이 정보화인 것이다.

고객이 만드는 자동차의 네트워크

이러한 협업학습엔진이 고객과 협업하는 실체이자 시스템이며, 그 결과 만들어지는 것은 단순한 차량 한 대가 아니라 자동차의 네트워크다. 테슬라의 자동차가 더 이상 우리가 알던 자동차가 아닌 이유다. 이는 고객의 차량과 기업의 시스템이 고객 문제 해결을 위해 함께 일하는 협업의 결과이며, 고객은 각자 운전대에서 일하지만 협업학습엔진으로 인해 사실상 모두가 연결된 상태에 있다. 이러한 고객의 '피드백 루프'를 포함하는 것이 테슬라의 자동차다.

무엇이 자동차인가?

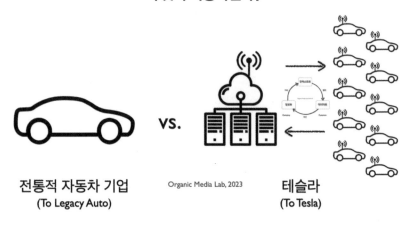

전통적 자동차 기업
(To Legacy Auto)

Organic Media Lab, 2023

테슬라
(To Tesla)

테슬라에게 차량은 협업학습엔진이 작동하는 자동차의 네트워크다.

"대부분의 엔지니어는 차량을 완전히 통합된 독립 시스템(우리가 알고 있는 자동차)으로 생각하지만, 테슬라에서는 차량을 독립된 시스템이 아니라 모든 백엔드의 서버 애플리케이션과 인프라, 그리고 전체 차량(고객)으로부터의 피드백 루프를 포함하는 시스템으로 생각한다."[22] 이는 테슬라 SW 엔지니어링 수석 부사장 데이비드 라우(David Lau)가 정의하는 자동차다. 이는 "테슬라의 전 차량은 네트워크로 작동하고, 한 차량이 무엇인가를 배우면 전 차량이 그것을 배운다"고 했던 일론 머스크의 이야기와도 일맥상통한다.

우리 눈에 보이고 만질 수 있는 차량이 아니라 명령에 따라 데이터를 수집할 수 있는 차량들, 이로부터 데이터를 전송하는 피드백 루프, 수집된 대용량의 데이터를 처리하여 저장하고 이로부터 학습할 수 있는 백엔드 시스템(서버 인프라와 어플리케이션), 그리고 학습된 결과를 차량에 내려보내기(소프트웨어 업데이트)도 하고 필요한 데이터 수집을 위한 명령을 내리기도 할 수 있는 커뮤니케이션 네트워크를 포함한 시스템이 자동차인 것이다. 이렇게 쉴 틈 없이 열렬히 돌아가는 엔진, 고객이 떠나지 않고 자발적으로 돌아다니고 기록하고 경험하고 기꺼이 돕는 곳인 협업학습엔진을 공장이 아니라 고객의 놀이터라고 부른 이유다.

테슬라 비즈니스에서 고객과의 협업은 비즈니스의 관점이자 원리다. 고객의 행위가 발현될 수 있도록 끊임없이 컨텍스트를 제공하고(컨텍스트화), 이 과정에서 나타나는 고객의 행위·이벤트·이슈 등을 수집하고(데이터화), 문제 해결을 위한 정보로 가공하고(정보화), 이를 다시 차량에 적용하여 컨텍스트를 만드는 선순환의 과정을 이해하지 못하고는 테슬라의 자동차를 이해할 수 없다. 차 한 대의 개념을 넘어선 자동차의 네트워크는 고객과 함께 만드는 협업의 결과물이다.

'자동차의 마음'을 알 때까지

테슬라의 전 오토파일럿 책임자이자 딥 러닝 최고의 전문가로 알려진 안드레 카파시는 "AI에서의 경쟁 우위는 데이터를 가진 기업이 아니라, 데이터 엔진을 가지고 전 과정을 가장 빠르게 돌릴 수 있는 기업이 갖는다"고 했다.[23] 즉, 데이터 풀의 크기가 아니라 어떤 데이터를 얼마나 빠르게 순환시킬 수 있느냐에 따라 경쟁 우위가 결정되는 것이다. 앞선 글 "고객의 놀이터, '협업학습엔진'"에서 고객과의 협업의 원리를 살펴보았다면, 여기서는 이 협업이 일어나는 구체적인 과정을 알아본다.

앞선 글에서 협업학습엔진을 컨텍스트화, 데이터화, 정보화 등 세 가지 과정이 (선)순환되는 구조라고 설명했다. 지금부터 테슬라의 자율주행(이하 FSD)을 중심으로 시스템 차원에서 이 선순환의 과정을 데이터 수집부터 분석, AI 모델, 문제 해결 및 검증, 차량 배포에 이르기까지 하나하나 살펴본다.

FSD 협업학습엔진

- 모델 배포 (Deploy Models to Fleet)
- 모델 평가 (Evaluate Models)
  - Unit tests
  - Simulation
  - Shadow mode
  - QA tests ...
- 모델 저장소 (Model Repo)
  - Occupancy,
  - Lanes & Objects,
  - End-to-End,
  - ...
- 오류 발견 (Detect Errors)
  - 221 triggers
- 평가 세트 (Evaluation Set)
- 훈련 세트 (Training Set)
  - 8-camera 36fps 10-second videos
  - other sensor data
- 모델 훈련 (Train Models)
- 플릿 마이닝 (Mine Data from Fleet)
- 데이터 큐레이션 (Curate Data)
  - Auto Labeling
  - Manual Labelers

Organic Media Lab, 2022-4

테슬라의 데이터 엔진을 협업학습엔진의 관점으로 해석한 모델이다.

데이터화: 반복적 데이터의 수집

테슬라의 (자율)주행으로 발생하는 데이터는 크게 동영상, 기타 센서 데이터, 운전자 개입을 포함한 트리거 데이터 등 세 가지다.

동영상 데이터

아홉 대의 카메라(실외 카메라 여덟 대, 실내 카메라 한 대)에서 기록하는 동영상이다. 하지만 이 동영상을 모두 수집하는 것은 현실적으로 불가능하다. 한 차량에서 1초당 최대 0.6GB(5MP×36FPS×12bits×3channels×8cameras×1/10compression rate)가 발생하기 때문이다. 700만 대가 하루에 1시간씩만 운행한다고 가정해도 매일 1500PB(페타바이트=100만 기가바이트)의 데이터가 발생한다. 이러한 양의 데이터를 전송하고 저장하는 것은 현실적으로 불가능할 뿐 아니라 천문학적 비용이 발생한다.

따라서 테슬라는 123쪽의 스키마에서 설명하는 바와 같이 크게 두 단계로 데이터를 선별한다. 첫 번째는 트리거가 발생한(Detect Error) 경우 저장하는 데이터다. 예를 들어, 운전자의 개입이 일어나는 경우를 말한다. 핸들이나 브레이크 조작을 통해 운전자가 의식적·무의식적으로 FSD를 해제하는 경우 10초 정도의 데이터를 저장 후 전송한다. 이러한 데이터는 주로 FSD의 문제점을 파악하는 데 사용된다. 트리거 데이터의 유형에 대해서는 잠시 후에 좀 더 자세히 설명한다.

두 번째는 이른바 '플릿 마이닝(Fleet Mining)'이다. 트리거 데이터로 알게 된 문제를 해결하기 위해서는 해당 상황에 대한 더 많은 데이터를 집중적으로 수집해야 한다. 플릿을 통해 데이터 마이닝을 하는 과정을 말한다. 예를 들어 사거리 주변에 주차된 차량 근처에서 운전자의 개입이 자주 일어난다고 파악되면, 700만대의 플릿에 유사한 상황을 접하면 데이터를 저장하고 전송하도록 명령하는 것이다. 이러한 방식의 데이터 선별이 가능한 것은 테슬라의 모든 차량에 슈퍼컴퓨터급의 AI 컴퓨터(AI4의 경우 50 TOPS*)가 설치되어 있기 때문이다.[24]

• Trillion Operations Per Second

기타 센서 데이터

요즘 자동차는 센서로 이루어져 있다고 해도 과언이 아니다. 테슬라의 경우는 차량 사고 시 받을 수 있는 센서 데이터의 유형만 해도 250가지가 넘는다.[25]

　FSD와 관련하여 대표적인 센서는 관성 측정 장치(inertial measurement unit, IMU)로, 차량의 가속·회전 등을 측정하여 주행의 편안함 정도(급가속·급정거·급회전 등)를 파악하는 데 사용한다.

　추가적으로 오디오 데이터를 수집해 주로 응급 차량의 유무 및 위치를 판단하는 데 사용한다. 초음파 센서와 레이더를 사용하지 않는 데에

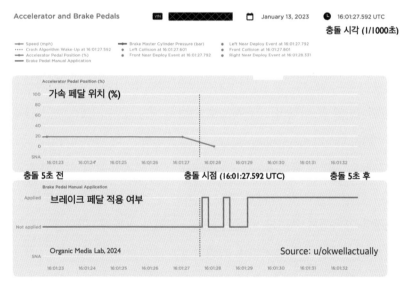

테슬라 차량 사고 시 요청하면 받을 수 있는 보고서의 일부로서, 충돌 5초 전부터 5초 후까지 총 10초간의 가속페달과 브레이크 페달의 위치를 보여준다.[26]

는 이 센서들이 신호 대 잡음 비율(Signal to Noise Ratio)을 높이지 못한다고 판단한 이유도 있다. 즉, 이 센서들이 FSD 향상에 도움(Signal)이 되기 보다는 방해(Noise)가 되기 때문이다.

이러한 센서 데이터의 크기는 동영상 데이터에 비해 없는 것이나 마찬가지이므로 데이터의 크기는 전혀 문제가 되지 않는다.

트리거 데이터

테슬라의 경우 운전자의 관여를 포함한 수백 가지 트리거(2021년 기준 200여 가지)를 이용해 FSD의 잠재적 문제를 파악한다.[27] 트리거는 크게 세 유형으로 나눠 볼 수 있다.

첫째는 운전자의 관여(driver input)다. 운전자의 관여에는 해제(Disengagement)와 개입(Intervention)이 있다. 해제는 브레이크를 밟거나 핸들 조향 등으로 FSD를 해제하는 것이고, 개입은 가속페달을 밟거나 속도 조절을 통해 FSD를 돕는 것이다. 이러한 데이터는 FSD 개선에 핵심적인 데이터일 뿐 아니라 궁극적으로 FSD의 핵심 성과 지표(KPI)인 해제 간 마일(miles between disengagement)을 측정하는 데 필수적이다.

둘째는 내부적 불일치(internal mismatch)다. 내부적 불일치는 센서 간이나 서브 시스템 간에 다른 판단을 하는 것이다. 예를 들어, 레이더로 측정한 앞차와의 거리와 비전 데이터로 측정한 거리가 다른 경우도 그렇지만 장애물이나 표지판이 감지되었다 사라졌다를 반복하는 것도 시스템에 문제가 있음을 알려주는 신호다. 내부적 불일치는 현재 버전의 에러·버그를 파악하는 데 매우 유용하다.

셋째는 버전 간 불일치(version discrepancy)다. 테슬라는 그림자 모드를 통해 테스트 버전의 FSD를 생산 버전(production version)과 함께 실행할 수 있다. 이 두 버전의 차이를 통해 테스트 버전의 성능을 평가할 수 있다. 예를 들어, 생산 버전에서는 감지된 장애물이 테스트 버전에서 감지되지 않는 경우다. 버전 간의 불일치 데이터는 새로운 버전의 회귀 결함(regression) 문제를 파악하는 데 필수적이다.

이렇게 트리거를 기반으로 선별되어 수집된 동영상과 센서 데이터는 테슬라만이 지닌 자산이다. 2022년 기준으로도 30PB의 비디오 캐시에 1600억 프레임이 저장되어 있고, 하루에도 50만 개의 새로운 비디오 클립(약 10억 프레임)이 순환(추가·삭제)되며, 1초당 40만 클립이 이용되고 있다.[28] 데이터의 양과 질, 순환 속도, 접근성(접근할 수 없거나 어려운 데이터는 자산이 아니라 부채다)에서 압도적이다.

정보화: FSD 모델의 학습 과정

정보화는 수집된 데이터를 이용해 고객의 문제를 더 잘 해결할 수 있는 컨텍스트를 만드는 과정이다. 그래서 앞서 정리한 컨텍스트화, 데이터화, 정보화는 서로 순환된다. 테슬라 FSD의 관점에서는 수집된 주행 데이터를 학습(딥 러닝)하여 실시간으로 자율주행하는 AI 모델(이하 FSD 모델)을 만드는 것이 정보화의 핵심 과정이다. 물론 더 정확하게는 곧 설명할 '자동차의 마음'을 보여주는 인터페이스를 만드는 것 등도 포함되지만, 핵심 과정인 FSD 모델의 학습에 우선 집중한다.

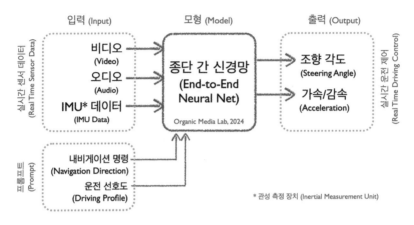

FSD 종단간 신경망 모델

입력 (Input) 모형 (Model) 출력 (Output)

실시간 센서 데이터 (RealTime Sensor Data)

비디오 (Video)
오디오 (Audio)
IMU* 데이터 (IMU Data)

종단 간 신경망 (End-to-End Neural Net)
Organic Media Lab, 2024

조향 각도 (Steering Angle)
가속/감속 (Acceleration)

실시간 운전 제어 (RealTime Driving Control)

프롬프트 (Prompt)

내비게이션 명령 (Navigation Direction)
운전 선호도 (Driving Profile)

* 관성 측정 장치 (Inertial Measurement Unit)

FSD 모델은 차량에서 실시간으로 입력되는 비디오, 오디오, 관성 측정 장치 데이터(가속, 회전 등)와 운전자·탑승객이 입력한 목적지로 가는 데 필요한 내비게이션 명령, 그리고 사용자의 주행 선호도(급하게, 천천히) 등을 입력하여, 실시간으로 차량을 운전(control)하는 데 필요한 조향각과 가·감속 정보를 실시간으로 출력한다.

학습의 결과물인 FSD 모델은 위와 같이 도식화할 수 있다.

이 모델은 차량에 배포되어 차량을 실시간으로 운전(inference)하는 모델이다. 이러한 모델이 거대 언어 모델과 다른 점은 차량의 제한된 연산 능력을 가진 컴퓨터(inference computer)에서 지연(latency)이 거의 없어야 한다는 것이다(일반적으로 입력에서 출력까지 0.1초 이내).●

이러한 모델을 학습(딥 러닝)하기 위해서는 일반적으로 데이터 큐레이션(data curation), 모델 훈련(model training), 모델 평가(model

● 챗GPT와 같은 거대 언어 모델은 일반적으로 데이터 센터에서 실행되며, 몇 초 단위의 지연이 있어도 문제 되지 않는다.

evaluation)의 3단계를 거친다.

데이터 큐레이션

모델 훈련에 적합한 형태로 데이터를 선별하고, 가공하는 과정이다. 여기에는 라벨링(문제의 답을 알려주는 과정)도 포함된다. 일반적으로는 데이터 큐레이션이 데이터 수집을 포함하지만, 협업학습엔진의 관점에서 보면 다르다. 차량 단위에서 데이터를 선별하고 가공한다. 예를 들어 앞에서 언급한 오류 발견 단계에서 트리거 데이터 등은 이미 수집된 상태다.

라벨링은 일반적으로 가장 시간 소모적이고 노동 집약적이다. 예를 들어 동영상의 각 프레임에서 어떤 것이 보행자인지, 차선인지, 신호등인지 등을 표시해야 하는 것이다. 하루에도 수만 개의 동영상 클립이 추가되는 상황은 1000명이 넘는 라벨링 팀도 해결할 수 없는 수준이 되었다. 테슬라는 이러한 문제를 해결하기 위해 오토 라벨링 시스템을 개발하여 라벨링에 소모되는 시간과 비용을 획기적으로 줄였다.[29] 테슬라는 여기에 머물지 않고 2023년 말부터 종단간(end-to-end) 모델로 전환함으로써 보행자, 신호등, 차선 등 중간 결과물(뒤에서 설명할 '인지 모델'의 결과물)에 대한 라벨링 자체가 필요 없도록 했다.

데이터 큐레이션의 결과물은 모델 훈련의 입력(input)이 되는 훈련 데이터 세트(Training Data Set)로, 수백만 개의 (라벨링된) 비디오 클립과 관련 데이터로 이루어져 있다. 관련 데이터는 각 비디오 클립의 센서 데이터, 내비게이션 명령(차선 변경 등), 운전에 대한 평가(성공·실패 등) 등을 포함한다.

모델 훈련

신경망 모델의 구조와 손실함수(loss function) 등을 결정하고 선택된 모델을 앞 단계에서 준비된 데이터로 훈련시키는 과정이다. 이 과정을 통해 주어진 데이터에 최적화된 FSD 모델이 나온다.

초기의 FSD 모델은 일반적인 자율주행 모델과 유사하게 인지(perception) 모델과 계획(planning) 모델로 분리되어서 인지 모델의 출력물인 개체, 차선, 점유 등이 계획 모델의 입력물이 되는 구조였으나 현재는 중간 결과물 없이 비디오 등의 입력이 바로 제어로 출력되는(photon-in-control-out) 종단간 모델이다.

이러한 종단간 모델의 장점은 중간 단계 결과에 대해 라벨링이 필요 없어지고, 성능 향상의 상한치는 높아진다는 것이다. 하지만 필요한 데

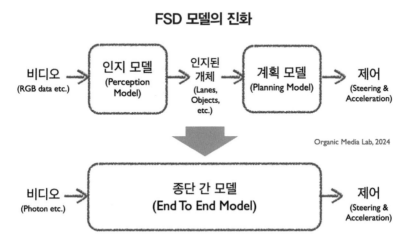

테슬라의 FSD 모델은 데이터, 신경망 구조 등의 관점에서 지속적으로 진화하고 있다. 최종 목표는 종단간 모델이다.[30]

테슬라 AI 학습 용량의 확장

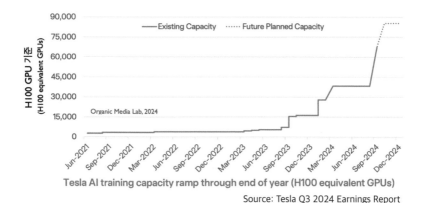

Tesla AI training capacity ramp through end of year (H100 equivalent GPUs)

Source: Tesla Q3 2024 Earnings Report

테슬라는 AI 훈련용 컴퓨터의 수를 기하급수적으로 확장하고 있다. 2024년 9월 현재 엔비디아 H100 기준으로 6만 개가 훌쩍 넘었으며, 2025년 초에는 10만 개를 넘을 것으로 예상된다.

이터의 규모와 모델의 크기(파라미터 수)가 급격히 커짐으로써 모델 훈련에 필요한 컴퓨터 자원과 시간이 기하급수적으로 증가한다는 단점이 있다.* 테슬라는 종단간 모델로의 전환에 따른 훈련 과정의 병목 현상을 제거하기 위해 AI 데이터 센터를 공격적으로 확장했고, 훈련 과정은 위의 그래프가 보여주는 바와 같이 더 이상 데이터 엔진의 병목 지점이 아니다.[31]

---

* 모델 훈련에는 많은 컴퓨터 자원이 필요하며, 하나의 모델을 훈련시키는 데 몇 주 내지 몇 달이 걸리기도 한다. 일반적으로 데이터의 규모와 모델의 크기가 커질수록 모델의 성능이 향상되지만(AI scaling law), 훈련에 필요한 컴퓨터 자원과 시간은 급격히 늘어난다.

모델 평가

훈련이 끝난 모델이 제대로 작동하는지 검증하는 과정이다. 모델이 훈련 데이터에 과적합(overfitting)[•]되지 않았는지, 기존의 문제점이 해결되었는지, 새로운 문제점이 발생하지 않았는지 등을 검증한다.

FSD 모델의 핵심적인 평가 기준은 안전한지, 편안한지, 신속한지에 있다. 지연 등을 포함한 모델의 효율성(제한된 자원을 가진 차량의 컴퓨터에서 실행되어야 한다)도 매우 중요하다. 이러한 다양한 기준에 더하여 자율주행의 문제는 수없이 다양한 사례가 존재하기 때문에 이를 효과적이고 효율적으로 검증하는 방법이 필수적이다. 특히 FSD 모델의 성능이 향상될수록 새로운 버전이 기존 버전보다 우수하다는 것을 검증하기가 어려워진다. 에러의 빈도수가 줄어들수록 해제 간 마일은 길어지므로, 테스트를 위해 점점 더 긴 주행 시간이 요구된다. 현재 테슬라의 병목 지점이기도 하다.

철저하면서도 빠른 평가가 필수적이기 때문에 이러한 문제를 해결하기 위해 테슬라는 단위 테스트나 시뮬레이션에 더하여 고객의 차량을 이용한다. 다음 그림은 테슬라의 FSD 모델 검증 단계를 도식화한 것이다. 강의할 때 고객의 차량을 이용한다고 하면 고객의 위험을 담보로 테스트를 하는 것이냐고 오해하는 경우가 종종 있다. 물론 그럴 리가 없다. 고객의 주행과는 관계없이, 차량을 전혀 제어하지 않으면서 그림자

• 훈련 데이터에 최적화되어 훈련 데이터에서는 잘 작동하지만 새로운 데이터에서는 잘 작동하지 않는 현상.

FSD 모델 평가

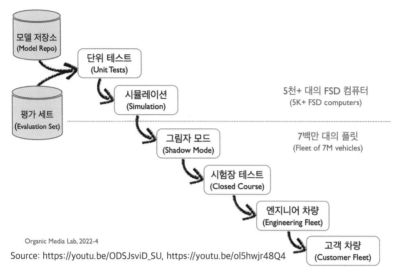

Organic Media Lab, 2022-4
Source: https://youtu.be/ODSJsviD_SU, https://youtu.be/ol5hwjr48Q4

테슬라는 FSD 소프트웨어를 고객차량에 배포하기 전에 9단계의 검증을 거친다.[32] 2024년 말 현재 모델 평가가 테슬라의 병목 지점이다.

모드로 테스트는 안전하게 이뤄진다. 검증 단계별로 하나씩 살펴보자.

단위 테스트

테슬라에서는 고객 차량을 통해 수집한 문제 상황(비디오 클립)들을 차곡차곡 검증 데이터 세트에 쌓고 있다. 수십만 개에 달하는 이 테스트를 통과하지 못하는 경우가 발생하면, 그와 유사한 사례를 추가적으로 수집하여 다시 훈련시킨다.

시뮬레이션

단위 테스트를 통과한 모델은 시뮬레이션을 통해 검증된다. 수천 대의 테슬라 차량이 24시간 365일 시뮬레이션 세상을 돌아다니며 새로운 버전의 FSD 모델을 테스트한다. 이 시뮬레이션 세상은 일반적인 자율 주행 시뮬레이션과 다르게 현실 세계에서 테슬라 차량들이 실제로 수집한 데이터를 기반으로 구성되어 있으며, 데이터 규모는 기하급수적으로 증가하고 있다(2022년 기준 5000대의 AI 컴퓨터를 이용하여 매주 200만 시뮬레이션 테스트를 진행하고 있으며 매주 1PB 규모의 인공물이 추가되고 있다[33]).

그림자 모드

시뮬레이션 테스트를 통과한 모델은 그림자 모드로 현실의 테슬라 차량에 배포한다. 그림자 모드는 FSD 소프트웨어가 실제로 차량을 제어하지 않으면서도, 실제로 차량이 이동하는 동안 발생하는 모든 상황을 실시간으로 분석하고 기록하는 기능이다. 테슬라는 그림자 모드를 이용하여 운전자의 안전에 영향을 미치지 않으면서 현실 세계에서 새로운 버전의 FSD 모델의 성능을 평가한다.

시험장 테스트

그림자 모드 검증을 통과한 모델은 테스트 차량에 배포되어 시험장에서 실제로 차량을 제어한다.

엔지니어 차량

시험장 테스트를 통과한 버전은 내부 엔지니어 차량에 배포되어 테스트된다.

고객 차량

엔지니어 차량 테스트를 통과한 버전은 내부 고객(직원), 외부 고객(베타 테스터)의 순으로 배포되어 테스트된 후 전체 고객 차량에 단계적으로 배포된다. 물론 고객 차량에 배포한 뒤 문제가 발생하면 해결한 후 다음 버전을 배포한다.

이러한 반복적이고 데이터 중심적인 검증 과정은 테슬라에서 (FSD) 소프트웨어 검증이 일회적 이벤트가 아닌 지속적인 개선의 사이클이라는 점을 확실히 보여주고 있다. 테슬라는 이러한 개선 사이클을 더욱 가속화하기 위해 끊임없이 병목 지점을 찾아 해소하고 있다. 예를 들어 시뮬레이션 단계에 사용되는 컴퓨터 수를 늘리고, 고객 차량의 규모 (fleet size)를 키워 실제 차량 테스트를 가속화하는 노력 등이 모두 이에 해당된다.

컨텍스트화: FSD 인터페이스와 고객의 업무 환경

이렇게 차량에 배포된 소프트웨어는 고객이 테슬라를 위해 일을 하는 환경이 된다. 사용자 인터페이스를 포함한 소프트웨어가 모두 고객이

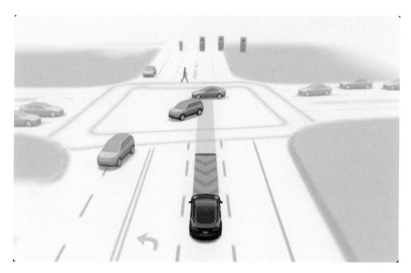

테슬라의 FSD 인터페이스: 일론 머스크는 FSD 인터페이스를 자동차의 마음[34]이라고 표현했다.

일하는 환경으로, 이것을 컨텍스트라고 부른다. 테슬라의 자율주행 관점에서 보면 자율주행 운전을 더욱 편안하고, 안전하고, 출발지에서 도착지까지 빠르게 도달하도록 돕는 모든 인터페이스, 신경망 모델, 내비게이션 시스템 등을 포함한다.

테슬라는 차에게 운전을 맡길 때 발생하는 불안감을 해소하고 차를 믿고 운전을 맡길 수 있도록 많은 노력을 기울이고 있다. 이 중 대표적인 사례가 자율주행 인터페이스로 AI 모델이 보고, 판단하고, 의도하는 것을 운전자에게 보여줌으로써 자동차의 마음(Mind of Car)에 대해 알아갈 수 있도록 도왔다. 이러한 컨텍스트는 더 많이 (자율)주행을 하게 하는 결과를 가져왔다.

테슬라 고객들이 FSD를 이용하여 주행한 마일리지는 2024년 9월 기준으로 20억 마일을 넘었다. 그보다 중요한 것은 주행 마일리지가 기하급수적으로 성장하고 있다는 것이다. 2024년 3분기에만 5억 마일 이상 추가되었고, 이는 가속화될 예정이다.

테슬라에서는 '모든 입력을 에러(All input is error)'라고 전제하고,[35] 소프트웨어 배포(Deploy Models to Fleet)를 통해 운전 환경(컨텍스트)을 지속적으로 향상하고 있다.

스스로 진화하는 테슬라

지금까지 FSD 협업학습엔진을 중심으로 어떻게 테슬라의 고객들이 테슬라를 위해 기꺼이 협업할 수밖에 없는 구조를 만들었는지, 그리고 순환 사이클을 통해 어떻게 이를 지속적으로 개선하고 있는지 구체적으로 살펴보았다. 테슬라의 데이터 엔진, 즉 협업학습엔진은 시간이 지나면서 스스로 진화할 수 있는 시점에 가까워지고 있다. 모든 FSD 팀이 휴가를 가도 될 만큼 협업학습엔진이 알아서 스스로 동작하는 시점, 안드레 카파시의 농담(꿈)이 현실이 된 것이다.

여러분의 고객은 여러분을 위해 기꺼이 일하고 있는가? 일회성이 아니라, 꾸준히 일하고 있는가? 커뮤니티 등 비즈니스의 제한된 영역에서 고객이 일하는 것이 아니라 고객과의 협업이 비즈니스의 선순환을 만들고 있는가? 앞으로 모든 비즈니스 주체가 자문해 보아야 할 문제다.

완전 자율주행, 고객이 만든다

이 글을 쓰기 시작한 다음 날 아침에 애플카 프로젝트(프로젝트 타이탄)가 공식적으로 취소되었다는 소식이 전해졌다.[36] 프로젝트 타이탄은 자율주행차를 목표로 10여 년에 걸쳐 100억 달러 넘게 투자한 애플의 핵심 프로젝트였다. 수차례 지연되더니 우여곡절 끝에 마침내 포기를 선언했다. 그 덕택에 강의에서 항상 나오던 질문에도 이제 답을 할 필요가 없어졌다.

앞으로 자동차가 차세대 컴퓨팅 플랫폼(바퀴 달린 컴퓨터)이라는 이야기를 하면 반드시 나오던 질문이었다. 애플이 하드웨어도 잘 만들고 소프트웨어도 잘 만드니, 애플카가 나오면 테슬라의 강력한 경쟁사가 되지 않겠냐는 것이었다. 나의 답은 항상 같았다. "나올 가능성도 매우 낮지만, 나오더라도 경쟁이 되지 않는다"였다.[37] 자율주행은 대규모 플릿이 없이는 불가능하기 때문이다. 물론 대규모 플릿을 기반으로 자율주행에 접근하고 있는 테슬라도 아직 완전 자율주행을 달성하지는 못했

138

지만, 시간이 지나면서 테슬라의 접근 방법이 가져오는 결과는 명확해지고 있다.

700만 대의 대규모 플릿이 일한다

완전 자율주행의 의미

대부분의 사람들이 완전 자율주행이 되면 사고가 날 가능성이 0이라고 생각한다. 이른바 '자율주행 5단계'란 어떤 상황에서도 차가 스스로 100% 운전하는 단계를 일컫는데, 그렇다고 사고가 날 가능성이 0이라는 것은 아니다. 사고는 상대방, 도로, 기상 등 통제 불가능한 원인으로도 발생한다. 그렇다면 현실적으로 자율주행이 받아들여지기 위해서는 사람이 운전하는 것에 비해 사고가 날 확률, 사상자가 발생할 확률이 현저히 적어야 한다(사회적·법적·경제적으로 10분의 1이 될지 100분의 1이 될지는 아직 모른다). 이러한 관점에서 보면, 자율주행 4단계냐 5단계냐는 기술적으로도 명확하지 않지만 현실성이 없는 정의다.

그렇다면 자율주행을 달성했다는 것을 현실적으로 어떻게 정의할 수 있을까? 자율주행차 업체가 보험에 가입하고 어떤 상황에서도 사고에 대한 책임을 질 수 있는 정도가 된다면 자율주행이 달성되었다고 할 수 있다.[38] 사고는 날 수 있지만 사람이 운전하는 것보다 훨씬 안전하다는 사회적 합의를 보고, 규제기관으로부터 승인을 받고, 천문학적인 금액의 소송 가능성이 매우 낮아졌을 때 보험사가 보험 상품을 만들 것이기 때문이다.

완전 자율주행의 필수 조건

그렇다면 자율주행이 대중·정부기관·보험사로부터 받아들여지기 위한 필수 조건은 무엇일까? 시뮬레이션 테스트 정도가 아니라 판단의 기준이 될 만한 실질적인 사례가 필요하다. 대규모 데이터에 기반한 사고에 대한 정확한 통계 수치(사고 빈도, 사고 유형 등)가 필요하다. 이러한 데이터가 없이는 그 누구도 설득하기 어려울 것이다.

그렇다면 이런 데이터를 수집할 수 있는 방법은 무엇일까? 웨이모나 크루즈, 애플처럼 수백 대의 차량으로 수백만 마일을 주행한 데이터와 이를 보완하기 위한 시뮬레이션에서의 완벽한 주행 데이터면 충분할까? 그렇지 않다. 챗GPT 같은 AI와는 달리 사람의 목숨이 오가는데 시뮬레이션 데이터를 기반으로 의사 결정을 할 수는 없기 때문이다. 수백만, 수천만 대의 차량이 전 세계를 누비며 수십, 수백억 마일을 주행한 데이터를 기반으로 사고의 빈도, 유형 등이 사람이 운전하는 것보다 훨씬 안전하다는 것을 보여줘야 한다. 즉, 대규모 플릿을 기반으로 사고 데이터를 수집하는 방법밖에 없다. 일반적인 교통사고 정도가 아니라 도대체 한 번 일어나기도, 보기도 어려운 사고까지, 0.0001%에 해당하는 데이터도 낱낱이 수집되어야만 가능하다.

테슬라는 현재 사고 데이터를 이러한 수준으로 수집하고 있다. 테슬라는 사고 발생 시 동영상을 포함한 200여 가지 센서 데이터를 수집한다.[39] 이를 통해 사고의 발생 원인, 사고의 결과 등을 정확하게 알 수 있다. 특히 일부 지역에서는 보험도 직접 제공함으로써 사고 후의 수리, 보상, 소송 등에 대한 데이터를 수집하고 있다.[40]

교통사고에 없는 파레토 법칙

빠르고, 정확하고, 포괄적인 테스트는 모든 소프트웨어 개발에서 핵심적인 역할을 한다. 하지만 운전이나 언어 같은 영역은 검증해야 할 경우의 수가 무한하다. 예를 들어 매일 출근하는 길도 그날의 날씨, 시간, 도로의 차량, 도로 보수, 사고 등에 따라 수없이 많은 상황이 존재한다. 운전의 상황은 롱테일(long tail)의 분포를 가진다. 우리가 상상도 하지 못하는 상황을 누군가는 경험하고 있다.[41]

롱테일의 분포를 가진 문제라 하더라도 대부분은 이른바 파레토의 법칙(Pareto principle)을 적용하여 접근할 수 있다. 주요 기능이 대부분의 상황을 해결할 수 있기 때문이다. 하지만 완전 자율주행의 영역

운전 상황의 분포

발생빈도 순으로 정렬된 운전 상황(Driving Situations Ranked by Frequency)

운전 상황은 무한한 경우의 수가 존재하고, 롱테일 분포를 가진다. 분포의 끝(꼬리)으로 갈수록 만날 가능성이 0에 가까워진다.

은 파레토의 법칙을 적용할 수 없다. 99.9%의 상황을 잘 처리하더라도 0.1%의 실패가 치명적이기 때문이다. 따라서 실패하는 경우를 찾아내는 것이 매우 중요하다.

자율주행에서는 문제를 찾아내고 이를 수정한 뒤 제대로 해결되었는지, 회귀 결함(이전에 잘되던 것이 안 되는 경우)은 없는지를 테스트하는 데 많은 시간과 인력이 요구된다. 왜냐하면 실제로 운전에서 유사한 상황을 만나야 하기 때문이다. 특히 문제를 해결하면 할수록 더 예외적인 상황이 되기 때문에 하나의 실패 상황을 테스트하는 데 걸리는 시간과 노력은 늘어날 수밖에 없다.

그렇다면 롱테일의 분포를 가진 문제에서 실질적으로 100%의 상황을 검증할 수 있는 방법은 무엇일까? 대규모 플릿을 통한 접근 방법이 현실적으로 가능한 유일한 방법이다. 테슬라는 700여 만 대의 고객 차량을 통해, 배포한 소프트웨어가 이전의 문제를 해결했는지, 회귀 결함은 없는지, 처음 맞이한 상황을 잘 대처하는지 등을 현실에서 빠르고, 정확하고, 포괄적으로 테스트한다. 자율주행 업체 소유의 수백 대 규모 테스트 플릿을 이용한 전통적인 검증 방법이 있다고 하더라도, 문제는 테스트의 주기다. 소프트웨어 개발에서는 테스트의 주기가 개발의 속도를 결정하기 때문이다. 테슬라는 앞서 살펴본 것처럼 테스트 주기가 정기적인 것이 아니라 '지속적'이다.

데이터의 수집 및 라벨링

자율주행은 챗GPT와 같은 AI의 영역이다. AI에서 가장 중요한 것은 대량의, 깨끗하고, 다양한 데이터다.[42] 자율주행에서는 다양한 운전 상황에서의 동영상과 관련된 센서 데이터를 수없이 수집해야 한다.

이렇게 수집된 데이터가 가치를 가지기 위해서는 라벨링(문제의 답을 알려주는 작업)이 반드시 필요하다. 특히 자율주행의 데이터는 동영상이 주요 소스이기 때문에 라벨링은 매우 노동 집약적이고 시간이 많이 걸리는 작업이다. 물론 자율주행이 '엔드투엔드(video-in control-out)' AI 영역(auto-regressive model)으로 수렴되면서 라벨링 작업의 양은 획기적으로 줄었지만, 라벨링 과정의 중요성이 줄어든 것은 아니다.

여기서 문제는 GPT 같은 거대 언어 모형(LLM)과는 달리 자율주행에서는 누구나 사용할 수 있는 데이터가 존재하지 않는다는 것이다.[43] 현재 오픈소스 모델 등을 포함한 많은 LLM들이 서로 경쟁이 되는 것은 기본적으로 우리가 인터넷에 남긴 글들[예를 들어 커먼크롤(Common crawl)과 같은 공개 도메인 데이터]을 사용하기 때문이다.[44]

이와는 달리 운전 상황의 동영상과 관련 센서 데이터는 모든 자율주행 업체가 처음부터 수집해야 한다. 처음부터 수집하는 것도 쉽지 않지만, 데이터의 형태가 변경되거나 추가로 수집해야 할 필수 데이터가 생기면 기존 데이터를 버리고 다시 처음부터 수집해야 하는 일도 벌어진다. 예를 들어 테슬라는 이미지 프로세서가 처리한 데이터(RGB data)가 아니라 이미지 센서의 원데이터(photon count)로 전환할 당시, 새롭게 데이터를 수집해야 하는 상황이 벌어졌다.[45] 이렇게 새로운 데이터가 기존 데이터를 대체하거나 추가되면 라벨링 작업도 다시 할 수밖에 없다. 기존 데이터를 버리고 새롭게 데이터를 수집하고 라벨링하는 것은 시간과 노력, 비용이 많이 들 수밖에 없기도 하지만, 새로 시작하는 비용 대비 효과가 얼마나 될지 알 수 없으니 이런 위험을 아예 감수하지 않는 경우가 대부분이다.

하지만 테슬라는 700여 만 대의 고객 차량을 기반으로 필요한 데이터를 수집하여 라벨링하는 시간과 노력, 비용을 획기적으로 줄였다. 한계비용이 0에 수렴하고 있다. 테슬라가 30만 줄의 코드를 버리고 인공신경망(end-to-end neural net)으로 대체하는 의사 결정을 할 수 있었던 것도 이렇게 데이터 수집과 라벨링의 한계비용이 0에 수렴하고 있기 때문이다.[46] 덕택에 1년 만에 새로운 아키텍처 기반의 자율주행 소프트웨어(FSD v12)를 배포할 수 있었다.

효율적 자본의 투입

자율주행과 관련한 또 하나의 오해는 자율주행의 가치를 0 또는 1로 생각한다는 것이다. 즉 완전 자율주행이 되지 않으면 가치가 없다고 생각하는 것이다. 이는 일반인들뿐만 아니라 자율주행을 연구·개발하는 업체들도 마찬가지다. 웨이모, 크루즈 등의 자율주행 업체들은 자율주행을 완성하기 위해 천문학적 비용을 사용하지만 매출은 여전히 0에 가깝다. 즉, 고객에게 가치를 제공하지 못하고 있다. 완전 자율주행이냐 아니냐는 0과 1로 정의할 수 있지만, 완전해야만 자율주행의 가치가 있는 것은 아니다. 불완전 자율주행도 더 안전하고 편리하다면 고객에게 가치가 있다.

테슬라는 이러한 관점에서 자율주행에 접근하고 있다. FSD는 현재는 운전자가 책임을 지는 불완전 자율주행(이른바 레벨 2)이지만 기존 자동차의 운전자 보조 시스템(ADAS)과는 차원이 다르다. 신호등 준수, 비보호 좌회전 등 기능적으로는 완전 자율주행에 필요한 기능을 갖추고 있다. 현재 미국에서는 FSD 감독형(FSD Supervised)을 월 100달러에 구독할 수 있으며, 편리함과 안전함에 대한 증언이 유튜브를 비롯해 곳곳에서 쏟아지고 있다.[47]

웨이모나 크루즈 등은 완전 자율주행이 완성된 상태에서 고객에게 배포하는 것을 전제로 접근한다. 이와 같은 전통적 R&D 방법을 취하다 보니 20년 가까이 고객에게 전달된 가치는 0에 가깝다.[48] 반면 테슬라는 운전자의 편리성과 안전도를 높이는 크고 작은 기능을 수시로 배포하는 '애자일' 접근 방법(Tesla Agile)을 사용한다. 완전 자율주행 영역(다음 그림에서 Green)의 가치를 제공하기 전까지 불완전 자율주행 영역(Blue)의 가치를 고객에게 지속적으로 제공한다. 매출은 그에 따른 결과이며 목적이 아니다. 결론적으로 자율주행의 가치는 개념적으로 완성인가가 아니라 고객에게 전달되는 가치로 결정된다. 이미 테슬라 차주들은 얼마나 기능적으로, 안전하게, 편리하게(개입 정도) 가치를 제공하고 있는지를 지속적으로 평가하고 있다. 운전의 책임이 누구에게 100% 있느냐는 이슈는 이 가치 전달의 과정을 통해 지속적으로, 실질적으로 해결될 일이다.

이러한 테슬라의 접근 방법은 가능성만 보고 장기적으로 천문학적인 투자를 해야 하는 자율주행 영역에서 현금 유출을 최소화하는 장기적인 접근이라고 할 수 있다. 크루즈같이 연간 수조 원의 현금을 태

자율주행 완성도와 고객 가치

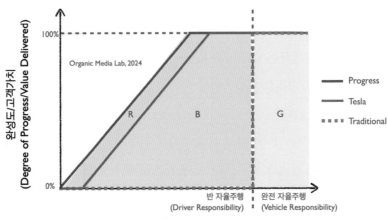

완전 자율주행 여부(Full Autonomy Achieved)

테슬라는 웨이모나 크루즈 등의 자율주행 기업과는 달리 지속적 배포 방식으로 완전 자율주행에 도전하고 있다. 고객에게 제공할 수 있는 전체 가치를 Progress의 아래인 Red, Blue, Green 영역의 합이라고 하면, 완전 자율주행이 제공하는 가치는 Green 영역이다. 테슬라의 경우 지속적 배포를 통해 고객에게 추가적인 가치(Blue 영역)를 제공한다.

우는[49] 자율주행 업체는 장기적이고 본질적인 접근보다는 지름길(예를 들어 라이다, 고해상도 지도, 임시방편 등)을 선택할 수밖에 없었고, 그 결과 2023년 말 크루즈는 사망 사고 문제로 서비스를 일시 중지했다가[50] 2024년 말 공중분해 되었다.[51]

자율주행의 경쟁력

지금까지 자율주행이 왜 어려운지, 반면 고객과 함께 어떻게 자율주행의 문제를 극복하고 실현할 수 있는지, 그리고 이미 실현되고 있는지 살펴보았다. 다시 한번 강조하자면, 여기서 주목해야 하는 것은 고객이나 데이터 자체가 아니다. 테슬라의 경쟁 우위는 '데이터'에 있지 않고, 이러한 데이터를 수집하고 이를 기반으로 더 큰 가치를 만들어 낼 수 있는 프로세스인 고객과의 '협업학습'에 있다. 고객이 추가적인 노력 없이 테슬라를 위해 데이터를 수집하고, 평가할 수 있도록 만든 구조와 프로세스를 갖추고 있다는 것이다. 웨이모와 크루즈 같은 자율주행 업체가 이러한 격차를 극복할 수 있을까? 있다면, 어떠한 방법이 있을까? 이 글이 자율주행에 대한 선입견과 오해, 완전 자율주행에 대한 비현실적인 기준과 해법 대신, 현실적으로 고객의 대규모 플릿과 구조적으로 '협업'하면서 어떻게 문제를 해결할 수 있고, 하고 있는지 이해하는 데 도움이 되었기를 바란다. 그렇다면 답은 이미 얻었으리라 생각한다.

IV
PROCESS

진화하지
않으면
죽는다

변화의 한계비용 0이 가능할까?

"나는 '해자(moat)'라는 개념을 그다지 유효하지 않다고 생각합니다.
해자는 일종의 전통적이고 퇴화된 방어 전략으로 볼 수 있지만,
만약 당신이 경쟁자들로부터 자신을 보호하는 유일한 방법이 해자라면,
그 방어는 오래 지속되지 않을 것입니다. 중요한 것은 혁신의 속도입니다.
이것이 경쟁력의 근본적인 결정 요소입니다."[1]
―일론 머스크

일론 머스크는 기존의 진입장벽(moat) 개념은 시대에 뒤떨어져 있으며 장기적으로 중요한 것은 혁신의 속도(Pace of Innovation)[2]라고 워런 버핏과 설전[3]을 벌인 적이 있다. 일론 머스크의 주장은 그 후 만 6년이 지난 지금, 테슬라의 실적으로 입증되고 있으니 더욱 흥미로워졌다. 그가 말하는 혁신의 속도는 무엇이며, 테슬라는 어떻게 이를 구현하고 있을까?

문제는 혁신의 속도다

샌디 먼로는 자동차를 해체해서 분석하는 전문가로 유명하다. 그는 테슬라 모델 Y의 열관리에 사용되는 핵심 부품인 옥토밸브가 4개월 사이에 열세 번이나 변경된 것을 알게 되고 놀라움을 금치 못했다.[4] 그가 운영하는 유튜브 방송에서 테슬라처럼 빠르게 움직이는 기업은 없다고 고백하기도 했다. 애자일 전문가이자 전직 테슬라 직원인 조 저스티스

에 따르면, 테슬라 프리몬트 공장에서는 모델별로 매주 평균 20개의 하드웨어 부품이 교체되거나 개선되는데, 이렇게 부품이 변경된 차량들이 형식승인을 받고 바로 출고된다.

잘못 읽은 것이 아니다. 생산 라인에서 조립 중인 차량의 부품을 변경하고 종합적인 자체 테스트를 거친 후 정부 기관의 형식승인을 받고 출고까지 하게 되는 부품이 매주 평균 20개인 것이다. 고객에게 인도하는 것까지를 모두 포함한 속도를 말한다. 즉, 바로 전에 출고된 차량과 지금 출고되는 차량의 부품이 다를 수 있다. 기존 제조업체에서는 상상할 수 없는 일이다. 물론 품질이나 안전에 대한 의구심도 들 수 있다. 앞선 장에서 테스트와 검증이 9단계에 이르기까지 얼마나 정교하게 이뤄지는지 설명하기도 했지만, 기억나지 않아도 괜찮다. 이런 의구심은 잠시 내려놓고 정확한 개념과 원리부터 이해해 보기로 하자.

테슬라에서 말하는 '혁신의 속도'란 문제를 인지한 시점부터 시작해서 고객에게 가치로 전달되기까지 걸리는 시간을 말한다. 자동차라면 한 부품의 효율성이 기대치보다 떨어진다는 인식을 하게 되었다고 가정해 보자. 이 문제의 발견에서 시작해 해결책을 찾고 부품을 개선해서 차량에 적용하여 법적인 형식승인을 끝내고 고객에게 인도되는 데까지 걸리는 시간을 말한다. 놀랍게도 테슬라의 혁신 사이클(일반적으로 스프린트 주기)은 3시간이다.

이러한 혁신 사이클을 통해 매일 0.1%의 가치를 혁신한다면, 1년 후에는 30% 더 높은 가치의 차량이 되는 것이고, 그사이에 인도받은 고객들도 그 혁신의 열매를 이미 계속 누리고 있는 것이다. 5~7년 단위로 모델 변경이 되는 기존 자동차 시장에서는 불가능한 얘기다. 5~7년 주기에 정말 많은 혁신이 포함된다고 가정하더라도, 매일 연속적으로 혁신하는 기업의 속도를 쫓아갈 수는 없다.

테슬라는 어떻게 혁신의 사이클 시간을 3시간으로 줄였을까? 가능하긴 한 것일까? 답부터 말하자면, 변화의 한계비용을 0으로(실제로는 0에 가깝도록) 만들었기 때문이다. 만약에 어떤 기업이라도 혁신을 적용하는 데 드는 비용이 0이라면 무한한 혁신이 가능할 것이다. 하지만 현실은 그렇지 않다. 현재 생산 중인 자동차의 부품 하나를 변경하기 위해 드는 시간과 비용 그리고 여기에 따르는 위험을 고려하다 보면, 아무리 좋은 아이디어가 있어도 이미 생산 중인 자동차에 적용하는 것은 불

사이클 타임과 고객 가치

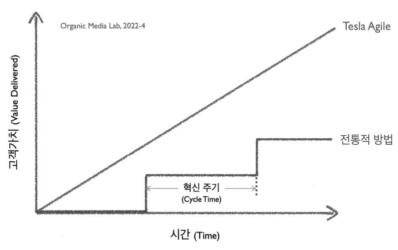

3시간마다 혁신하는 기업을 1년(자동차의 경우 5~7년)에 한 번 혁신하는 기업이 쫓아가는 것은 불가능하다.

가능하다. 소프트웨어 산업에서도 어려운 일을 어떻게 하드웨어, 그것
도 자동차 산업에서 실현하고 있는지 알아볼 필요가 있다. 이를 위해 변
화의 한계비용이 일반적으로 왜 발생하는지 먼저 이해하는 것이 순서
일 것 같다. 변화의 한계비용을 최소화하는 방법은 그다음에 논의하자.

변화의 한계비용이 발생하는 이유

왜 대부분의 기업과 개인은 혁신을 외치지만 실제로 변하지는 못하는
것일까? 열심히 혁신을 하는 것 같은데, 왜 제자리일까? 변화의 한계비
용이 너무 크기 때문이다. 전통적인 기업에서는 아무리 좋은 아이디어
도 여러 단계와 기다림, 장애물(예산적·정치적)을 넘지 못하고 사라지기
때문이다.

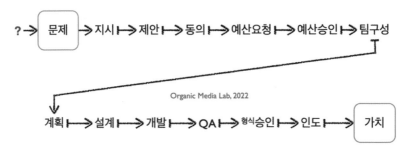

전통적인 고객 가치로의 여정

일반적인 고객 가치로의 여정에서 살아남는 아이디어는 드물다. 모든 단계를 넘어 살아남았다 하
더라도 기다리는 시간 때문에 혁신의 주기가 매우 길다.

실패에 대한 두려움과 비용

학교, 기업, 사회에서 실패는 곧 낙오를 의미한다. '실패를 장려한다', '빠르게 실패해야 성공할 수 있다'라고 말은 하지만, 실제로는 실패에 대한 두려움은 더욱 커지고 있다. 비즈니스 환경의 급격한 변화는 불확실성을 더욱 높이기 때문이다.

실패에 대한 두려움은 쓸데없는 비용을 발생시킨다. 실패에 대한 책임을 지지 않기 위해 이른바 여러 '전문가'의 의견을 구하기도 하고, 해외의 성공 사례를 찾기도 하고, 계획을 더욱 구체화하느라 시간과 노력을 낭비한다. 계획만 보면 실패가 불가능하다. 하지만 세상은 계획의 속도보다 더 빠르게 변한다. 테슬라 차량을 벤치마킹해서 신차를 출시하면 테슬라는 그보다 더 빠른 속도로, 더 안전하고, 더 편리하고, 더 효율적인 차를 내놓는다.

일상적인 업무에서도 마찬가지다. 항상 하던 대로 한다. 더 나은 방법이 있어 보이지만 실패가 두려워 포기한다. 결국 하던 대로 더 열심히, 더 빨리 일한다.

왜 이런 일이 일어날까? 우선, 실패에 대한 정의가 잘못되어 있다. 실패는 나에 대해서, 고객에 대해서 배우기 위한 필수적인 산물이다. 실패는 피해야 하는 것이 아니다. 실패 없이는 성장하지 못한다. 다만 실패의 비용을 최소화하고 배움을 극대화하는 것이 중요하다.

쓸모없는 혁신

우리는 누구를 위해 일하는가? 안타깝게도, 대부분은 우리에게 월급을 주는 사람을 위해 일한다. 나는 팀장을 위해, 팀장은 임원을 위해, 임원은 대표를, 회장을 위해 일한다. 문제는 팀장과 임원과 회장이 다 다른 생각을 가지고 다른 목적으로 일한다는 것이다. 하던 일을 그대로 하는 상황이라면 크게 문제가 되지 않는다. 하지만 혁신이 일어나야 하는 상황이라면 심각한 문제다. 고객을 위한 혁신이 아니라 윗사람(boss)를 위한 혁신이 일어나기 때문이다. 고객에게는 가치가 없지만 승진에는 도움이 되는 혁신이 시도된다.

그런데 고객에게 가치를 더하지 않는 혁신은 쓸모가 없다. 혁신을 빙자한 핑계일 뿐이다. 테슬라 차량에 대한 비판 중 하나는 물리적 버튼이 없다는 것이다. 아이폰이 나왔을 때 폴더폰의 키패드를 없앴다고 불편해서 쓰겠냐던 비난과 비슷하다. 하지만 여러분의 차에 있는 수많은 버튼 중 사용하는 버튼은 무엇인가? 사용하지 않는 수많은 기능은 무엇인가? 이는 다 쓸모없는 혁신이다.

시간과 예산 낭비

이런 문제를 다 넘어서 진정 고객을 위한 혁신을 하기로 결정했다 하더라도 여전히 큰 문제가 남아 있다. 혁신이 실제로 구현되는 데 너무나 많은 시간과 노력이 들어간다는 것이다. 대부분의 기업에서는 문제를 인식하고 이를 제품에 반영하여 고객에게 인도하기까지 수많은 산을 넘어야 하고, 이 프로젝트를 지속할지 말지를 결정하기까지는 기다림의 연속이다.

이런 긴 여정에서 고객에게 인도될 가치를 만드는 데 실질적으로 도움이 되는 일이 얼마나 되는가? 객관적이고 냉철하게 답해 보기 바란다. 그렇게 만들어진 가치가 인도된다고 하더라도, 고객에게 실제로 가치가 더해졌는지 확인하기까지는 이미 오랜 시간이 흐른 뒤다. 이미 필요 없는 혁신이 되기도 하고, 혁신을 시작한 사람과 책임을 지는 사람이 달라지기도 한다. 더 중요한 문제는 이 기나긴 여정에서 고객에 대한 배움이 일어나지 않는다는 것이다. 고객은 끊임없이 진화하는데 우리는 1년(자동차의 경우 5년)에 한 번씩 고객의 반응을 살필 뿐이다(마케팅·광고 메시지에 대한 반응이 아니라 제품에 대한 반응을 말한다).

변화의 한계비용 0의 세 가지 원칙

그렇다면 테슬라는 어떻게 변화의 한계비용을 최소화했을까? 크게는 한 방향(Why) 보기, 끊임이 없는 지속적 인도(Continuous Delivery), 조직도에 그려지는 팀이 아닌 '번개 모임(Self-organizing Teams)'화, 이 세 가지 원칙을 적용하고 있다. 테슬라의 조직과 혁신 구조, 그 DNA가 어떻게 다른지 이해하려면, 이 원칙들에 대한 깊은 이해가 필요하다. 이 글에서는 간단히 개요만 정리하고 이어지는 글에서 각각을 다룰 예정이다.

한 방향

테슬라의 미션은 '지속 가능한 에너지로의 전환을 가속화'하는 것이다. 어떻게 보면 너무 황당하기도 하고, 직원 개인에게는 별 의미가 없어 보이기도 한다. 하지만 일반적인 기업의 미션과는 달리 모든 의사 결정과 행동의 나침반이 된다. 벽에만 걸려 있는 것이 아니다. 이 'Why'[5]를 통해, 모든 직원이 스스로 의사 결정을 하고 행동하는 모든 노력이 한 방향으로 모인다.[6] 테슬라의 미션이다. 이 테슬라의 미션은 고객도 경쟁사도 한 방향을 보게 한다. 그 결과 쓸모없는 혁신이 사라진다.

지속적 인도

테슬라는 소프트웨어 분야에서 적용되어 왔던 지속적 인도의 개념을 하드웨어 생산에 적용했다. 소프트웨어 분야에서 지속적 인도는 수정된 프로그램이 자동화된 테스트를 거쳐 고객에게 즉시 배포되는 것을 말한다. 지속적 인도 체제가 갖춰지게 되면 실패의 두려움과 비용이 줄게 되고, 그 결과 혁신을 쉽게 시도할 수 있다. 특히 소프트웨어 업데이트가 자주 일어나는 IT 기업에서는 필수적인 과정이기도 하다.

구글이나 페이스북과 같은 실리콘밸리 기업에서는 하루에도 수없이 많은 배포가 일어난다. 그런데 테슬라는 자동차 생산에 지속적 인도 체제를 구축해 팀에서 만들어 내는 수정된 프로세스·부품을 생산에 즉시 반영하고, 자동화된 테스트를 거쳐 형식승인을 받아 출고한다. 테슬라의 이러한 지속적 인도 체제는 실패에 대한 두려움과 비용을 0에 가깝게 만든다.

번개 모임

조직도에 속한 팀이 아니라 문제 중심으로 모였다가 문제를 해결한 뒤

사라지는 팀을 말한다. 팀장이 일을 주는 것이 아니라 자가 조직화된다. 테슬라에서는 크고 작은 문제(페인트 문제, 자율주행 문제 등 매우 다양하다)를 중심으로 팀이 모였다 해체되었다를 3시간마다 반복한다. 일반적인 기업이라면 팀의 구성과 해체가 1년 단위로 이루어지고, 팀 단위로 역할이 주어진다. 시장이나 환경이 빠르게 변하지 않는다면 1년 단위로 역할이 명확히 구분되는 것이 별문제가 되지 않겠지만, 현실은 그렇지 않다. 테슬라의 팀은 고객의 니즈, 공급망 문제, 전쟁, 코로나, 인플레이션 등 시장과 외부 환경의 크고 작은 변화에 빠르게 대응한다. 예를 들어 모든 자동차 생산 업체들이 반도체 부족으로 생산에 타격을 입었을 때, 테슬라는 사용하던 반도체를 2주 만에 교체하고 펌웨어를 업데이트하여 반도체 부족 문제를 해결하기도 했다.[7]

어떻게 보면 믿기 어려운 내용일 수 있지만, 이 세 가지 원칙은 테슬라의 조직 구조와 프로세스에 녹아 있고, 이는 변화의 한계비용을 0에

테슬라의 고객 가치 사이클

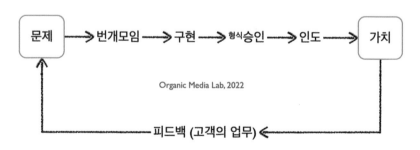

테슬라에서는 대부분의 아이디어가 살아남는다. 일반적인 기업과 달리 고객 가치로의 여정으로 끝나지 않고 피드백을 통해 배움의 사이클이 시작된다.

가깝게 만들어 그 누구도 따라잡기 어려운 혁신의 속도를 내고 있다. 강의에서도 이와 같은 내용을 깊이 있게 다루고 있지만, 쉽게 믿어지지 않고 현실적으로 어떻게 가능한지 상상하기가 어렵기 때문에 질문이 쏟아지는 주제이기도 하다. 팀이 없다면 평가는 누가 하고, 일이 주어지지 않고 문제 해결 중심으로 내가 찾아간다면 지금 하던 일은 어떻게 되는지, 무엇보다 하드웨어 제조사에서 도대체 이런 프로세스의 혁신이 가능한 것인지 의문이 많을 수밖에 없다.

그러나 이런 혁신의 속도는 이상적인 꿈이 아니라 이미 수년 전부터 테슬라의 성장을 이끌어 온 동력이자 문화이자 원리가 되었다. 이어지는 글에서 하나씩 좀 더 구체적으로 살펴볼 것이다. 무엇보다 기존에 여러분이 알고 있던 조직의 일하는 형식, 그 안에서 만들려고 했던 혁신의 방법, 각자에게 주어진 프로젝트와 역할을 바라보는 관점 자체를 내려놓아야만 이해가 갈 내용이다.

테슬라 'Why'의 경제학

기업에서 '왜'라는 단어는 사라진 지 오래다. 우리 기업이 왜 존재하는지, 내가 왜 일하는지에 대해 질문하지 않는다.[8] 물론 기업의 미션, 핵심 가치를 정하지 않는 기업은 없다. 하지만 진정으로 미션을 의사 결정과 행동의 나침반으로 여기고, 핵심 가치를 제대로 지키는 기업은 드물다. 왜 그럴까? 한마디로 돈 버는 데 도움이 되지 않는다고 생각하기 때문이다. 이번 달 실적, 올해 실적에 치이다 보면 미션이나 핵심 가치는 뒷전이 될 수밖에 없다. 한번 뒤로 물러선 미션이나 핵심 가치는 벽에 걸린 장식품으로 끝난다.

그런데 만약 미션을 제대로 지키는 것이 돈을 버는 데 더 도움이 된다면, '왜 일하는지(Why)'를 중심으로 더 효과적이고 효율적인 조직을 만들 수 있다고 한다면, 여러분의 반응이 어떨지 궁금하다. 아마 너무 이상적이고 현실은 다르다고 생각할 것이다.

그런데 구글, 아마존, 페이스북 등은 'Why(왜)'를 중심으로 기하급수적 성장을 이룬 대표적 기업이다.[9] 아마존은 물건을 파는 것이 아니라 '고객의 구매 의사 결정을 돕는 것'이 존재 이유다.[10] 일반적인 소매 기업에서 어떻게 충동구매를 이끌어 낼까를 고민할 때, 아마존에서는 어떻게 후회 없는 구매를 하게 할까 고민했다. 어떻게 보면 실적에 도움이 안 될 것 같지만, 그 결과는 여러분이 더 잘 알 것이다.

이 글에서는 '지속 가능한 에너지로의 전환을 가속화'한다는 테슬라의 존재 이유(Raison-d'être)를 사회적 가치가 아니라 경제적 가치의 관점에서 분석해 보려고 한다.[11]

한 방향 보기

기업은 공통의 목표를 위해 협업한다. 하지만 모든 사람이 한마음 한뜻으로 일할 수는 없기 때문에 이를 설명하는 대표적인 이론이 대리인 이론이다.[12] 기본적인 전제가 본인(principal)과 대리인(agent)은 서로 다른 목표를 가지고 있고, 정보 비대칭이 존재한다는 것이다.

이 문제를 해결하기 위해 여러 가지 제도를 도입한다. 대표적인 제도가 결재와 보고다. 사장은 회장의 의중에 맞게 프로젝트를 제안하고, 결재를 받고, 일을 임원에게 나눠 주고, 결과를 보고받는다. 임원은 사장의 의중에 맞게 프로젝트를 제안하고, 결재를 받고, 일을 팀장에게 나눠 주고, 결과를 보고받는다. 이 과정은 실제로 일을 하는 말단 직원에게까지 반복된다. 이러한 과정이 반복되다 보면 회장의 의중과 실제로 일하는 직원이 보는 방향은 틀어질 수밖에 없다.

더 큰 문제는 상사의 말과 행동(의중)이 다른 경우가 종종 있다는 것이다(예를 들어 고객을 위한다고 하지만, 승진을 위해 행동한다). 이럴 때는 공통의 목표(그것이 미션이든, 주주 가치 제고이든, 고객 가치 제고이든 관계없다)를 위해 힘을 모으는 것이 매우 어렵다.

일론 머스크는 이러한 문제를 엔지니어답게 벡터로 표현했다.[13] "기업 내의 개인은 벡터(크기와 방향)다. 기업의 진전은 모든 벡터의 합(크기와 방향)에 의해 결정된다(Every person in your company is a vector. Your progress is determined by the sum of all vectors.)"

한 방향 보기

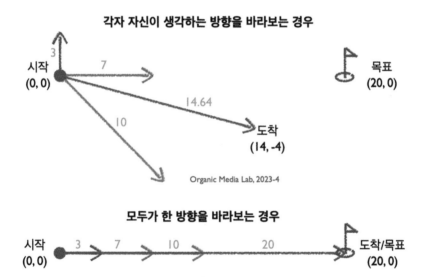

각자 자신이 생각하는 방향을 바라보는 경우

시작 (0, 0)
3
7
14.64
10
목표 (20, 0)
도착 (14, -4)

Organic Media Lab, 2023-4

모두가 한 방향을 바라보는 경우

시작 (0, 0)   3   7   10   20   도착/목표 (20, 0)

모든 참여자(Red, Blue, Green)가 한 방향을 보고 협업할 때 최대의 효과를 거둘 수 있다. 각자가 보는 방향이 다른 경우 목표 지점에 이르지 못하는 반면, 모두가 한 방향을 볼 때는 목표 지점(20,0)에 이른다.

여기서 방향은 공통의 목표와 구성원들의 목표가 일치하는 정도를 나타내고, 크기는 능력이라고 할 수 있다. 예를 들어 163쪽의 그림에서처럼 각자 자신이 생각하는 방향이 달라 서로 엉뚱한 곳을 바라보는 경우와 모두 한 방향을 바라보는 경우는 결과값이 다르다. 후자는 같은 기간 내에 목표점에 도달할 수 있다. 모두가 한 방향을 보고 일하면 최대의 효과를 얻게 되는 것이다. 한 방향을 볼 때 쓸모없는 혁신을 최소화하고, 그 결과 최대의 효과를 얻는다.

하지만 대부분의 기업에서는 각자 최선을 다한다 하더라도 한 방향으로 힘이 모이기보다는 부서 간의 갈등, 상하 간의 갈등 등으로 힘이 분산되고 있는 것이 현실이다.

테슬라의 존재 이유

'지속 가능한 에너지로의 전환을 가속화'한다는 테슬라의 존재 이유는 믿기도 어렵고, 직원 개인에게는 별 의미가 없어 보이기도 한다. 특히 언론에 비치는 일론 머스크의 말이나 행동은 미션에 전혀 의미를 두지 않는 것처럼 보이기도 한다. 하지만 테슬라는 일반적인 기업과 달리 이 미션이 모든 의사 결정과 행동의 나침반이 된다.

그래서 테슬라의 목표 중 하나는 시장점유율을 높이는 것이 아니라 하루라도 빨리 현재 돌아다니는 내연기관차를 전기차로 대체하는 것이다. 내연기관차를 전기차로 대체하기 위해서는 가장 좋은 '전기차'가 아니라, 가장 좋은 '차'를 만드는 것이 목표가 된다. 볼보보다 안전하고, 포르쉐보다 빠르고, 프리우스(토요타의 하이브리드 자동차로, 좋은 연비의 대명사다)보다 연비 좋은 차를 만드는 것이 목표가 되는 것이다. 실제로 이른바 KPI도 지속 가능한 에너지로의 전환을 앞당긴 일수(Days accelerated to sustainable energy)다.

이렇게 벽에만 걸려 있는 미션이나 비전이 아니라 모든 직원이 스스로 의사 결정하고 행동할 수 있게 하지만 그 힘이 한 방향으로 모이게 하는 것이 테슬라의 'Why'다. 우리는 이렇게 모든 사람의 일하는 이유가 된, 기업이 본질적으로 해결하고자 하는 문제이자 답을 'Why'라고 부른다. 테슬라의 'Why'는 고객도 경쟁사도 한 방향을 보게 한다.●

오가닉 비즈니스 관점에서 보면, 'Why'는 고객의 문제에서 출발한다. 고객을 직원으로 만들기 위해서는 기업이 보는 방향에 맞춰 고객을 바라보게 하는 것이 아니라, 고객이 바라보는 방향에 맞춰 기업이 보는 방향을 일치시켜야 한다.

아마존의 사례를 보면 물건을 많이 파는 것은 기업이 보는 방향이다. (후회할) 물건을 많이 사고 싶은 고객은 없다. 고객은 제대로 된 구매 의사 결정(좋은 제품을 저렴하고 편리하게 사는 것)을 하고 싶을 뿐이다. '고객의 구매 의사 결정을 돕는다'는 아마존의 'Why'는 고객의 진정한 문제와 일치되어 있다.

● 사이먼 시넥의 《스타트 위드 와이(Start with Why)》에서 말하는 Why라고 생각해 버리는 경우가 많다. 동기, 원리, 구조 등 본질적으로 다르다. 'Why'에 대해 더 자세히 알고 싶은 독자는 《Why》(윤지영, 이데아, 2024)를 읽어 보기 바란다.

물론 진정한 고객의 문제에서 출발하여 기업의 'Why'를 찾는 것은 쉬운 여정은 아니다. 많은 기업이 고객의 문제라고 생각하고 있는 것이 알고 보면 기업의 관점에서 본 문제다. 눈앞의 경제적 이익과 단기적 목표가 우선하기 때문이다. 하지만 놀랍게도 진정한 'Why'를 찾고 나면 훨씬 더 많은 경제적 장점이 기다리고 있다.

Why의 경제적 가치

진정한 Why를 찾고 제대로 Why가 작동하면 리더와 함께 일하는 팀원과 고객 모두 한 방향을 바라보게 된다. 그렇다면 어떤 경제적 장점이 있는지 구체적으로 알아보자.

리더: 함께할 사람을 끌어들이는 힘

리더 관점에서 함께할 능력 있는 사람을 끌어들이는 것은 성공의 전제 조건이자 핵심 요소다. 하지만 능력 있는 사람을 구하는 것은 매우 어려운 일이다. 경제적 유인으로 능력 있는 사람을 구할 수는 있으나, 언제든지 더 좋은 조건을 찾아 떠날 수 있다는 위험이 따른다. 또 어느 정도 경제적 부를 이루면 떠나는 것이 일반적이다.

테슬라의 Why는 모두 불가능하다고 생각했던 전기차 비즈니스 초기에 공동 창업자이자 배터리 전문가인 J. B. 스트로벨(J. B. Straubel), 테슬라의 모든 디자인을 책임지고 있는 프란츠 폰 홀츠하우젠 같은 인재가 참여하도록 하는 유인이 되었다. 그 후에도 수많은 인재를 끌어들이는 핵심 요인이 되었다. 특히나 이미 백만장자가 된 직원들도 떠나지 않고 계속 일하는 유인이 되기도 한다.

팀원: 진정한 권한 위임을 통한 개인의 성장

대부분의 기업에서 '권한 위임(empowerment)'[14]을 중요시하고 제도적으로 시행하고 있지만, 진정한 의미에서 권한 위임이라고 할 수는 없다. 언제든지 상사에 의해 뒤집힐 수 있는 권한 위임은 무늬만 권한 위임이다. 실질적으로는 자신의 판단이 아니라 상사의 의중을 헤아려 의사 결

자동차 연결성 표준화

The Tesla Team, October 27, 2024

> To accelerate the world's transition to sustainable energy,

Over the last 20 years, the cost and complexity of electronics across the automotive industry has doubled.* Today a single vehicle typically requires over 200 connections—and the number of electrical connectors and types across new vehicles is only increasing.

To accelerate the world's transition to sustainable energy, we are simplifying the manufacturing process and electrical connectivity requirements for all our vehicles. This includes the implementation of our Low-Voltage Connector Standard (LVCS), which allows us to reduce the large number of connector types required to just 6. These 6 device connectors are designed to meet the power and signal requirements for over 90% of typical electrical device applications. This standardization unlocks further operational efficiencies, cost reductions and manufacturing automation.

Organic Media Lab, 2024

Source: https://www.tesla.com/blog/standardizing-automotive-connectivity

테슬라에서는 모든 직원이 테슬라의 미션을 달성하기 위해 최선을 다한다. 저전압 커넥터 표준 (Low-Voltage Connector Standard)을 제안하는 목적이 '지속 가능한 에너지로의 전환을 가속화' 하는 것이다.[15]

정을 하고 행동을 한다.

테슬라의 Why는 진정한 의미의 권한 위임을 가능케 한다. 팀 단위로 일하는 테슬라에서는 위아래가 없다. 오직 해결하고자 하는 문제가 '지속 가능한 에너지로의 전환을 가속화'하는지, 구현하려는 해결책이 이를 위한 가장 효과적이고 효율적인 방법인지만 신경 쓰면 된다. 인턴 사원도 정직원과 똑같은 권한과 책임이 있고, 일론 머스크도 예외는 아니다.

테슬라에서 일하는 모든 직원은 똑같은 권한과 책임, 그리고 열정을 가지고 일한다. 역할만 다를 뿐이다. 누구에게 보이기 위해서가 아니라 진정 '지속 가능한 에너지로의 전환을 가속화'하기 위해 역할을 다하고, 그 과정에서 엄청난 개인적 성장을 한다.[16] 이 개인적 성장은 다시 테슬라 성장의 원동력이 된다.

고객: 고객이 직원 되는 원동력

'고객이 직원이다'라는 말은 매우 매력적이어서 오가닉 비즈니스를 처음 접하는 기업들은 이를 바로 적용하고 싶어 한다. 하지만 고객을 제대로 된 직원으로 만드는 것은 비즈니스의 구조와 프로세스의 변화 없이 불가능하다. 여기서 핵심은 고객이 기업을 위해 일할 이유가 있어야 한다는 것이다.

그런데 회사의 미션, 의사 결정 방식, 업무 프로세스 등은 하나도 바꾸지 않고 겉모양만 바꾼다고 고객이 직원이 되어 일하지는 않는다. Why는 고객이 기업을 위해 일하는 이유다. 고객은 월급을 받지도 않고 시키지도 않았는데 자신의 문제를 해결하기 위해 노력했을 뿐인데, 그 결과가 기업을 위해 일한 결과가 되도록 하는 것이다.

테슬라의 고객은 지금까지 살펴본 것처럼 테슬라의 마케터이자 영업 사원일 뿐 아니라 데이터를 수집하고 테스트를 하는 개발자이기도 하다. 고객들은 자신의 테슬라를 운전했을 뿐인데, 친구를 태워 주었을 뿐인데, 테슬라를 위해 일한 결과가 된다. 고객이 일한 결과는 다시 고객의 차량 가치를 더 높이는 선순환에 기여한다.

Why에서 출발한 테슬라는 최고의 전기차를 만드는 데 그치지 않았다. 최고의 차를 만드는 것이 목표이기 때문이다. '지속 가능한 에너지로의 전환을 가속화'하기 위해서는 전기차끼리 경쟁해서는 안 된다. 고

오가닉 미디어/비즈니스/마케팅의 선순환

Why는 오가닉 비즈니스 선순환 구조의 중심축이다.

객에게 최고의 차가 주는 가치를 주어야만 고객이 직원이 될 수 있는 것이다. 고객 입장에서는 가장 좋은 차를 선택했을 뿐인데, 그 결과가 지속 가능한 에너지로의 전환을 가속화할 뿐 아니라 스스로를 돕는 결과가 되는 것이다.

테슬라의 미션이자 Why가 어떻게 고객을 포함한 모든 참여자가 한 방향을 보게 하고, 그 결과 더 적은 자원으로 더 많은 일을 더 빠르게 할 수 있게 하는지 살펴보았다. 물론 Why만으로 이러한 결과를 달성할 수 있는 것은 아니고, Why를 중심으로 제품·조직·프로세스의 변화를 이루어야 하는 험난한 여정이 있다. 하지만 진화하지 않으면 죽는 세상에서 선택의 여지는 없다.

토요타 웨이에서 테슬라 웨이로

토요타의 '지속적 개선(Continuous Improvement)'[17]은 자동차 산업뿐 아니라 거의 모든 제조업에 영향을 미쳤다. 심지어 소프트웨어 산업에서도 지속적 개선을 포함한 토요타 웨이(Toyota Way)의 원리를 소프트웨어 개발에 맞게 적용한 '지속적 인도'[18]가 자리 잡게 되었다. 그런데 테슬라는 지속적 인도의 개념을 한 차원 업그레이드하여 심지어 자동차 제조에도 적용했다. 토요타의 '지속적 개선'이 제조 공정 개선에 국한된 것이었다면, 테슬라는 소프트웨어뿐만 아니라 하드웨어의 '지속적 인도'가 가능하도록 한 것이다.

자동차 산업에서는 전례를 찾아볼 수 없는 생산공정뿐 아니라 제품 자체도 끊임없이 지속적으로 개선함으로써 기존 자동차 업체와는 비교할 수 없는 속도로 혁신을 이루고 있다. 테슬라에서는 모든 공정과 부품을 지속적으로 개선하는 것이 문화이자 일상이다. 이를 일론 머스크는 '왕좌의 게임(Game of Thrones)'에 빗대어 '페니의 게임(Game of

모델 3/Y 센터 디스플레이 비용 절감

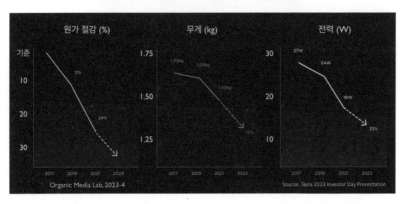

4년 만에 모델 3와 Y의 센터 디스플레이 무게는 가벼워지고, 전력을 덜 소모하게 되었지만 원가는 24% 낮아졌다.

Pennies)'이라고 부른다.[19] 그 결과 2018년에서 2022년까지 4년 동안 모델 3의 성능은 크게 향상되었지만 원가는 30% 낮아졌다.[*] 이제는 토요타 웨이의 시대가 가고 테슬라 웨이의 시대가 온 것이다.

소프트웨어 차원의 지속적 인도

일반적으로 지속적 인도는 '소프트웨어의 변경 사항(기능 추가, 설정 변경, 버그 수정, 실험 등)을 안전하고, 빠르게, 그리고 지속 가능하게 프로덕션 환경이나 사용자에게 배포할 수 있게 하는 일련의 능력들'을 말한다.[20]

　테슬라에서는 소프트웨어 개발뿐 아니라 하드웨어의 개발·생산에

---

[*] 리튬 등 광물 가격의 변동 조정 후 원가.

도 지속적 인도를 적용했는데, 먼저 테슬라의 FSD 소프트웨어 개발을 사례로 지속적 인도의 개념을 살펴보자. 앞선 글(122쪽)에서 자세히 설명한 FSD 협업학습엔진은 지속적 인도의 개념이 적용된 소프트웨어 개발 사이클이다. 특히 [모델 평가]−[모델 배포]−[오류 발견] 구간에 지속적 인도의 원리·원칙·도구 등을 적용하여 더 안전하고, 빠르고, 저렴하게 새로운 FSD 모델을 배포하고 있다. 그 결과 테슬라는 FSD 모델의 배포 주기를 단축하고, 문제 정의 단계 및 새로운 모델의 훈련에 더욱 집중할 수 있다.

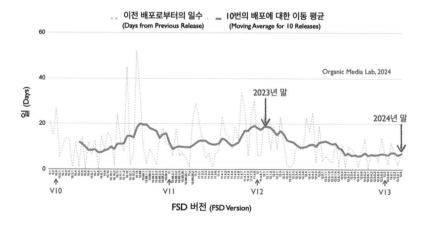

배포 주기의 가속화

자율주행 문제의 성격상 성능이 높아질수록 검증이 어려워짐에도 불구하고 FSD 모델의 배포 주기는 2024년 들어 평균 3주 정도에서 1주 정도로 단축되었다.
데이터: https://www.notateslaapp.com/fsd-beta/

일회성 변화 vs. 끊임없는 변화

지속적 인도는 변경이 일회성이 아니라 수시로 끊임없이 일어난다는 전제에서 출발한다. 예를 들어 소프트웨어를 1년에 한 번씩 변경한다고 가정할 때와 매일 변경해야 한다고 가정할 때는 접근 방법이 다를 수밖에 없다. 하드웨어도 마찬가지다.

테슬라는 FSD를 포함한 소프트웨어 개발 프로세스에 지속적 인도를 적용하여 고객 차량의 소프트웨어를 꾸준히 업데이트하고 있다. 테슬라의 소프트웨어는 고객 차량에 배포되는 버전을 기준으로도 매년 100번 이상 업데이트가 된다(물론 모든 차량에 100번의 업데이트가 일어나지는 않는다).[21] FSD 모델도 2024년에 40번 이상 업데이트가 되었다.

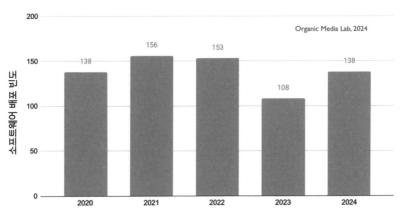

테슬라 소프트웨어의 지속적 인도

Source: https://teslascope.com/software

테슬라의 하드웨어 유형이 다양해지고 플릿 규모가 커졌음에도 불구하고 테슬라의 소프트웨어는 지속적으로 진화하고 있다.

1년에 한 번 변경하는 경우에는 새로운 기능을 개발하는 데 11개월을 사용하고 테스트·배포에 1개월을 쓰더라도 큰 문제가 없다. 물론 이러한 방식에는 여러 가지 추가적인 문제점이 있지만, 우선 테스트·배포 시간에만 집중해서 생각해 보면 그렇다. 하지만 수시로 변경하는 경우, 테스트하고 배포하는 데 1개월이 걸린다면 수시 변경은 처음부터 불가능할 것이다. 끊임없는 변화가 일어나기 위해서는 어떻게 해야 할까?

이를 위해서는 개별 변경 사항을 적용하는 비용을 매우 낮게 만들어 지속적으로 인도하는 것이 경제적으로 훨씬 유리하도록 만들어야 한다. 즉 테스트·배포에 드는 시간 및 한계비용을 0에 가깝게 만듦으로써 수많은 시도가 가능하도록 하는 것이다. 이를 위해서는 배치 규모가 작아야 하고, 인도에 걸리는 시간을 최소화해야 하고, 문제가 발생했을 때 즉각적인 복구가 가능해야 한다. 작은 실수가 큰 재앙이 될 수 있는 소프트웨어 개발에서 이러한 안전하고 경제적인 개발 환경은 개발자의 실패에 대한 두려움과 비용을 최소화하여 수많은 새로운 시도를 가능하게 한다.

배치 규모(Batch Size) - 한 번에 한 개씩

한 번의 변경 사항이 포함하는 기능의 수다. 수정·추가하는 기능의 수가 많을수록 위험이 커진다. 변경 사항이 기존 시스템에 의도하지 않은 영향(회귀 결함 등)을 미칠 가능성이 높아지기 때문이다. 물론 많은 기능이 한 번에 추가·변경되는 경우 고객에게 진정으로 가치 있는 기능이 아닐 가능성도 높아지고, 개발에 시간이 걸림으로써 고객에게 가치 전달도 늦어진다. 배치 규모는 1에 가까울수록 좋다. 이를 위해 사이클 주기(일반적으로 스프린트 주기)를 최대한 짧게 가져감으로써 배치 규모가 커지는 것을 방지한다. 소프트웨어·제품의 아키텍처도 작은 규모의 독립적인 변경이 가능하도록 만들어야 한다.

인도 소요 시간(Delivery Lead Time) - 최소화

변경 사항이 고객에게 배포·인도될 때까지 걸리는 시간이다. 여기에는 단위 테스트, 통합 테스트, 사용자 테스트 등이 포함된다. 이 시간이 오래 걸릴수록 위험이 높아진다. 이 시간이 오래 걸린다는 것은 테스트가 제대로 되지 않을 가능성이 높을 뿐 아니라 변경을 한 사람도 시간이 지나면서 변경 내용을 잊을 수도 있고, 최악의 경우 팀을 떠날 수도 있다는 것을 의미한다. 변경에 대한 피드백이 늦어져서 동기 부여도 줄어들고, 버그가 발생하면 수정에 어려움을 겪을 가능성이 더욱 높아진다. 인도 소요 시간은 0에 가까울수록 좋다. 이를 위해 여러 단계의 테스트를 자동화하고, 최종 배포를 책임자가 승인하는 방식을 취한다.

복원 시간(Time to Restore) - 즉시

변경 사항이 고객에게 인도되고 나면 의도하지 않은 문제(버그, 시스템 다운 등)가 발생할 가능성이 매우 높다. 이러한 상황에서 이전 버전으로 복원하는 데 걸리는 시간이 오래 걸릴수록 위험이 급격히 커진다. 고객의 불만뿐 아니라 개발자 등의 사기도 급격히 떨어짐(실패 비용이 클수록 실패에 대한 두려움이 커짐)으로써 새로운 시도를 하지 않게 될 가능성이 높아진다(If it ain't broke, don't fix it). 문제를 발견하고 복원에 걸리는 시간과 비용은 0에 가까울수록 좋다. 이를 위해 새로운 버전의 배포는 점진적으로 진행하고 문제 상황을 자동으로 파악한 뒤 복원할 것인지, 추가 배포를 중지할 것인지, 진행할 것인지를 결정한다.

테슬라는 이러한 원리를 데이터 엔진에 잘 적용하고 있다. 새롭게 훈련된 FSD 모델을 자동화된 단계별 테스트를 통해 검증하고, 이를 통과하면 배포 전략에 따라 단계적으로 고객 차량에 배포한다. 이때 트리거와 고객 피드백을 통해 예상치 못한 문제(버그)가 발생하면, 배포를 중단하고 버그 해결 버전을 최우선으로 훈련시킨다. 자동화된 모델의 검증과 배포는 안전하고 빠른 FSD 모델의 인도를 가능케 한다.

여기서 중요한 것은 테스트·배포에 걸리는 시간이 변화의 주기를 결정한다는 것이다. 예를 들어 데이터 엔진에서 검증·배포에 1개월이 걸리면 변화의 사이클은 최소 1개월이 될 수밖에 없고, 1년에 최대 12번의 변화가 가능하다. 하지만 테스트·배포에 하루가 걸린다면 변화의 사이클은 최소 하루이고, 1년에 최대 365번의 변화가 가능하다.

검증 나중에 vs 검증 먼저

지속적 인도의 성패에 영향을 미치는 요소는 여러 가지가 있지만, 가장 핵심적인 요소는 테스트다. 일반적으로 소프트웨어 테스트에는 많은 시간과 노력, 정성이 필요하다. 하지만 소프트웨어 개발이나 하드웨어 개발에서 테스트는 우선순위에서 밀리는 경우가 대부분이다. 그렇지 않다 하더라도 테스트는 사후적이라고 생각한다. 하지만 이러한 사고로는 지속적 인도가 불가능하다. 테스트가 최우선 순위가 되어야 하며, 반복 가능해야 한다.

테스트는 일의 시작이다

제대로 된 테스트가 미리 체계적으로 정의되지 못한다면, 추가·변경되는 기능에 대한 정의가 제대로 된 것이라 볼 수 없다. 테스트가 매우 적은 비용으로 반복 가능하도록 테스트 데이터와 프로세스를 만들고 이를 자동화하는 소프트웨어를 작성하는 것이 일의 시작이 되어야 한다. 물론 테스트도 지속적으로 개선되어야 한다.

테스트는 일의 끝이다.

테스트는 변경 사항이 반드시 통과해야 할 최종 관문이다. 아무리 많은 시간을 들여 개발한 변경 사항도 테스트를 하지 않았거나 통과하지 못했다면 진척율은 0%다. 소프트웨어 개발 프로젝트에서 시간에 쫓기거나 테스트의 우선순위가 낮아 고객에게 배포되기 직전까지 테스트를 진행하지 못하는 경우가 종종 있다. 이런 상황이라면 진척율은 0%라고 간주해야 한다.

테슬라에서는 모든 업무가 테스트(기준, 데이터, 프로세스, 프로그램) 작성으로 시작되고, 이 테스트를 통과하지 못한 변경 사항은 배포되지 못한다. 데이터 엔진에서 고객 차량이 발견한 문제를 단위 테스트 데이터 세트에 누적시키고, 이를 통과하지 못한 새로운 버전의 모델은 추가적인 학습을 통해 재훈련시키는 사례는 테슬라에서 테스트의 우선순위를 알 수 있게 해준다.

인간 vs 컴퓨터

소프트웨어 테스트를 좋아하는 사람은 아무도 없다. 테스트는 지루하고 시간이 많이 걸리지만 매우 정확해야 한다. 소프트웨어가 변경될 때마다 같은 테스트만을 반복하게 되면(잘 되던 것이 안 되는 경우는 없는지 확인하려면), 테스트의 품질은 떨어지게 되고 버그가 스며들게 된다. 지루하고 반복적인 일을 하는 것은 컴퓨터에 맡겨야 한다. 하지만 대부분의 소프트웨어 프로젝트에서 테스트는 여전히 사람들(QA팀, 최종 사용자) 몫이다. 배포도 마찬가지다. 배포 시 실수는 큰 재앙을 가져오기 때문에 개발자들에게 매우 큰 스트레스다.

사람은 문제 해결에 집중하고 이 외의 모든 것은 컴퓨터에 맡겨야 한다. 소프트웨어 개발에서 구현된 해결책을 검증하고 적용하는 과정을 배포 파이프라인(Deployment Pipeline)이라 부르며, 지속적 인도가 가능하려면 최대한 이를 자동화해야 한다. 이런 자동화된 파이프라인은 안전하고 빠른 배포를 가능하게도 하지만, 개발자에게 신속한 피드백을 제공함으로써 실패에 신속하게 대처할 수 있게 한다. 앞에서 살펴본 테슬라의 데이터 엔진/협업학습엔진은 배포 파이프라인의 사례다.

생산 라인 차원의 지속적 인도

지금까지 살펴본 소프트웨어 관점의 지속적 인도 개념을 토대로, 이제 차량 개발과 제조에까지 어떻게 지속적 인도를 적용하고 있는지 살펴보자.

고객 가치 사이클과 지속적 인도

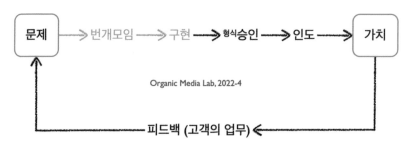

지속적 인도는 고객 가치 사이클을 가속화한다.

차량을 개선하고 생산하는 관점에서 보면, 지속적 인도는 형식승인을 받고, 인도하고, 피드백을 받는 구간을 더 안전하고, 빠르고, 저렴하게 함으로써 위의 고객 가치 사이클을 단축하고, 문제 정의 및 해결(구현)에 집중하도록 돕는 것이 목적이다.

생산 라인 vs 생산 셀

하드웨어의 지속적 인도를 이해하기 위해서는 우선 테슬라의 생산 라인에 대한 이해가 우선이다. 오른쪽의 그림과 같이 차량이 A-B-C-D의 공정을 거쳐 생산된다고 가정하자. 일반적인 생산 라인에서는 안정적으로 작동하는 라인의 공정이나 부품을 건드리지 않는 것이 상식이다. 토

테슬라의 지속적 인도

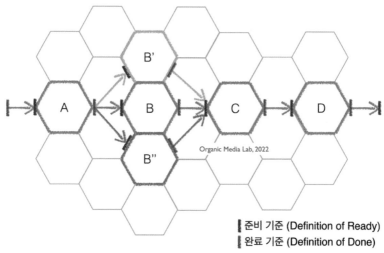

준비 기준 (Definition of Ready)
완료 기준 (Definition of Done)

Source: https://youtu.be/rySu6FZ18c?si=1pWP43z0AGVII7A6&t=1537

테슬라의 생산 라인은 기존의 기계적인 생산 시스템과는 달리 새로운 세포(생산 셀)가 생성되었다 사라졌다 하며 진화하는 생명체(Organism)에 가깝다. 각 생산 셀은 공정 시작 전 준비(Definition of Ready) 테스트와 공정 종료 후 완료(Definition of Done) 테스트를 포함한다.

요타의 경우 끊임없이 공정의 개선을 추구하고, 문제 발생 시 안돈 코드(Andon Cord)*를 이용해 생산 라인을 정지하고 문제를 해결한다.

하지만 테슬라에서는 병목이 발생하는 공정의 부품이나 프로세스를 실시간으로 개선한다. 개선이 필요한 공정(B)을 포크(fork)**하여 파일

* 토요타 생산 방식(Toyota Production System)의 중요한 요소 중 하나로, 생산 라인에서 문제가 발생했을 때 작업자가 즉시 생산 라인을 멈출 수 있도록 하는 시스템이다.
** 소프트웨어 포크의 개념과 유사하다. 소프트웨어 포크는 기존 소프트웨어 프로젝트의 소스코드를 복사하여 (기점으로) 새로운 프로젝트를 만드는 것이다.

럿 라인을 만들고,[22] 프로세스를 개선하거나 부품을 개선하여 차량을 조립한다. 즉 '포크된' 공정(B′)이 기존 공정(B)과 공존하는 것이다.

이전 공정에서 작업이 완료된 차량은 자동 유도 차량(Automated Guide Vehicle)에 실려 포크된 공정의 위치로 이동하게 되고, 개선 작업을 한다. 조립 로봇이나 설비의 소프트웨어를 업데이트하여 공정 속도를 개선하기도 하고, 3D 프린팅과 절삭 등을 통해 직접 개선된 부품을 만들어 기존 부품을 대체하기도 한다. 앞에서 언급한 옥토밸브도 이러한 방식으로 4개월 동안 13회 변경된 것이다(물론 이러한 변경에는 부품 공급 업체와 긴밀한 협조가 필요하다).

'포크된' 공정(B′)에서 조립한 차량에 문제가 있으면(아래에서 설명할 테스트를 통과하지 못하는 경우), 생산 라인을 멈추는 것이 아니라 다시 시도(B′)를 하거나, 다른 시도(B″)를 한다. 여전히 문제가 있으면 기존 공정(B)으로 돌려보낸다.

새롭게 '포크된' 공정(B″)에서 조립된 차량이 테스트를 통과하면, 다음 공정(C)으로 넘어가게 된다. 새로운 공정이 기존 공정의 문제를 성공적으로 해결했다고 판단하면, 새로운 공정의 생산량을 늘리고 기존 공정의 생산량을 줄여서 새로운 공정을 주 생산 라인에 병합(merge)●한다. 테슬라의 생산 라인은 마치 소프트웨어가 '포크되어' 개선되고 병합되듯이 지속적으로 개선된다.

● 소프트웨어 병합의 개념과 유사하다. 이는 두 개 이상의 서로 다른 소프트웨어 버전이나 코드 브랜치를 결합하여 하나로 통합하는 것이다.

생산공정별 자동화된 테스트

이러한 생산 시스템이 가능한 것은 테슬라의 각 생산 셀은 공정을 시작하기 전 이전 공정의 테스트를 통과했는지, 필요한 부품은 준비가 되었는지 등을 확인하고(Definition of Ready Test), 공정을 마친 후에는 단위 테스트, 통합 테스트 등 다음 단계로 넘어갈 수 있는지 확인하는 (Definition of Done Test) 자동화된 테스트를 거치기 때문이다.

소프트웨어로 제어되지 않는 기계적 부품의 경우 카메라 등의 센서 데이터, 인공지능·시뮬레이션 소프트웨어를 이용하여 테스트를 진행하고, 소프트웨어로 제어되는 전장 부품의 경우 차량이 스스로 하드웨어/소프트웨어 통합 테스트를 진행한다.

형식승인

자동차에서 가장 중요한 테스트이자 최종 관문은 형식승인이다. 자동차 형식승인은 특정 자동차 모델이 법적·기술적 기준을 충족하는지 여부를 확인하여 공식적으로 인증하는 과정으로 일반적으로 짧게는 수개월, 길게는 1~2년 걸린다. 하지만 지속적 인도가 적용된 테슬라의 경우 같은 모델이더라도 차량마다 사용된 부품이 다를 수 있기 때문에 모든 차량이 개별적으로 형식승인을 받아야 한다.

이 문제를 해결하기 위해 테슬라는 최종 완성차마다 디지털 트윈을 이용하여 차량의 구성(사용된 부품, 접착제, 작업자 등)을 기록하고, 공장 모드를 이용하여 형식승인에 필요한 테스트를 진행하고, 시뮬레이션을 이용하여 비파괴적 안전 테스트를 진행해서 개별 차량마다 형식승인

테슬라 공장 모드

Source: https://www.youtube.com/live/HI1zEzVUV7w?feature=share&t=4555

테슬라 차량은 공장 모드(Factory Mode)를 이용하여 스스로 현재 상태를 진단할 수 있다. 사진은 생산 라인에서 새로 장착된 전장 부품을 통합 테스트하는 모습이다.[23]

을 받는다.[24]

이러한 지속적 인도의 결과 1년 전의 차와 지금의 차는 겉모습은 같지만 속은 완전히 다르다. 더 안전하고, 더 효율적이고, 더 저렴한 차량이 되는 것이다.

혁신 사이클의 필수 조건

지금까지 테슬라가 어떻게 하드웨어 개발, 생산 및 인도 프로세스에 애자일 소프트웨어 개발의 한 축인 지속적 인도를 적용했는지 살펴보았다. 테슬라 강의에서 가장 어려운 주제다. 대부분 애자일, 아니 전통적 소프트웨어 개발 지식이나 경험도 없거나, 있어도 선입견을 갖고 있기 때문이다. 소프트웨어 산업에서도 아직까지 실행하기 어려운 지속적 인도를 테슬라는 제조 산업에까지 적용할 수 있다는 것을 이해하기도, 받아들이기도 어렵다.

그런데 지속적 인도는 산업 분야에 관계없이 더 이상 피할 수 없는 주제다. 지속적 인도는 혁신의 속도를 높이는 데 필수적이지만 충분하지는 않다. 심지어 자동차 개발과 제조 공정, 안전성 테스트와 형식승인에 이르기까지 길고 긴 여정에 지속적 인도가 가능하다고 하면, 아직도 대부분 믿지 못한다. 문제는 지속적 인도를 할 수 있느냐 없느냐가 아니다. 다가오는 시대에는 혁신의 사이클 주기를 지속적으로 줄여 가지 못하면 죽을 수밖에 없다. 진화를 위해 지속적 인도는 이제 기업의 필수적인 능력이 된 것이다.

조직 경영에도 테슬라 웨이

혁신의 속도를 높이기 위해 애자일 방법론(예를 들어 지속적 인도)을 도입한 기업들은 대부분 사실상 실질적인 효과를 보지 못하고 있다. 이는 애자일의 원칙과 원리가 아니라 겉으로 보이는 방법만을 도입하기 때문이다. 특히 일부 업무 프로세스만 애자일 방법론을 따르고 조직의 구조 자체에는 손을 대지 않는 경우가 대부분이다.

그러나 일론 머스크는 혁신과 성공을 위해서는 이에 맞는 조직구조를 갖추는 것이 필수적이라는 신념을 갖고 있다.[25] "조직 구조상의 문제는 항상 제품의 문제로 나타난다(Exactly, problems in organizational structure always manifest as problems in the product.)"고 말하는 이유다.[26] 테슬라가 혁신의 속도를 높이기 위해 어떻게 조직을 구조화하고 운영하는지 자세히 살펴보자.

계층구조에서 네트워크 구조로

조직 구조가 제품 구조에 반영된다는 것은, 제대로 된 제품을 만들기 위해서는 제품 구조에 맞게 조직을 구성해야 한다는 뜻이기도 하다. 특히 소프트웨어나 소프트웨어 중심적인 하드웨어(즉 컴퓨터)의 구조는 기존의 기계적 하드웨어와는 다르다. 아래 그림은 그 구조의 차이를 단순화해 나타낸다. 일반적으로 하드웨어는 부품이 계층구조를 이루는 반면 소프트웨어는 모듈들 간의 상호작용이 훨씬 복잡하고 위아래라는 개념이 무의미하다. 제품 구조와 조직 구조는 떼려야 뗄 수 없는 관계다.

하드웨어 vs. 소프트웨어 아키텍처

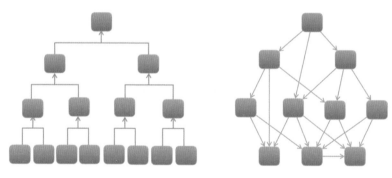

Organic Media Lab, 2023

하드웨어 부품의 계층 구조
(Hierarchy of HW Parts)

소프트웨어 모듈의 네트워크
(Network of SW Modules)

하드웨어 아키텍처는 각 부품이 위아래의 부품과 상호작용을 하는 계층구조인 반면, 소프트웨어는 모듈 간에 복잡한 상호작용을 하는 네트워크 구조다.

이러한 소프트웨어 구조는 모듈 간에 API(Application Programming Interface)라 불리는 인터페이스를 가지고 있다. 이 인터페이스에 대한 약속이 두 모듈 간에 지켜지는 한, 어떠한 모듈이든 독립적으로 수정·교체할 수 있다. 소프트웨어에 대해 잘 모르는 독자를 위해 자동차 타이어를 예로 들자면, 성능·효율성·브랜드 등과 무관하게 규격(인터페이스)만 맞는다면 자동차 타이어를 교환할 수 있는 것이다.

이러한 API 구조는 모듈의 재사용을 극대화할 수 있다. 어느 모듈의 기능/서비스가 필요하다면 이를 새로 만들거나 복제(소프트웨어에서 복제는 재사용이 아니다)할 필요 없이 그 모듈을 호출(재사용)하여 서비스를 받으면 된다. 이러한 구조는 모듈의 재사용을 극대화하고 원가를 0에 수렴하게 한다(5부에서 설명할 무한 규모의 경제 효과와 연결된다). 자동차마다 새로운 타이어 규격이 있다면, 기존 타이어를 재사용하지 못하고 자동차마다 새로운 타이어를 개발·생산해야 해서 타이어의 원가가 크게 높아질 수밖에 없다.

테슬라의 자동차는 내연기관 자동차의 구조가 아니라 바퀴 달린 컴퓨터의 구조를 가지고 있다. 그래서 테슬라 차량은 소프트웨어뿐 아니라 하드웨어도 API를 기반으로 재사용을 극대화하는 네트워크 구조를 가지고 있다. 그런데 이러한 네트워크 구조의 제품을 제대로 만들기 위해서는 조직의 구조도 네트워크 구조, 일명 API 조직으로 진화되지 않으면 안 된다. 아마존의 제프 베이조스는 이러한 점을 일찌감치 간파하여 2002년 API 명령(API Mandate)을 통해 모든 팀 간의 커뮤니케이션이 서비스 인터페이스(API)를 통해서만 이루어지도록 강제했다.[27] 이는 아마존 내부의 변화를 촉진했고, 아마존의 진화를 가속화했으며, 아마존 AWS가 탄생하는 기초가 되었다. 테슬라의 조직도 아마존과 유사하게 API를 기반으로 구성되어 있으며, 이를 소프트웨어뿐 아니라 하드웨어에도 적용하고 있다.

선형적 실행에서 병렬적 실행으로

대부분의 기업에서는 팀 간의 업무가 종속적이어서 다른 팀의 일이 끝

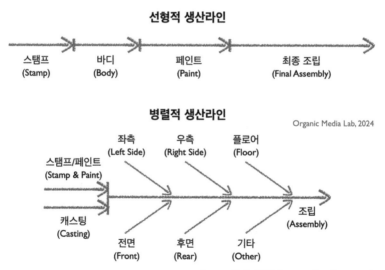

선형적 vs. 병렬적 생산 라인

Source: Tesla 2023 Investor Day Presentation

테슬라에서는 기존의 선형적 생산 라인을 최대한 병렬적 생산 라인으로 변경하고 있다. 이를 위해 테슬라는 자동차도 레고처럼 조립될 수 있는 구조로 변경하고 있다. 이러한 병렬적 방식의 생산 라인은 지금도 30초에 한 대가 생산되는 빠른 생산 사이클을 더욱 줄여 줄 것으로 예상된다.

나야 우리 팀이 일을 시작할 수 있다. 예를 들어 기획이 끝나야 디자인을 하고, 디자인이 끝나야 설계를 할 수 있다. 이렇게 업무가 선형적으로 진행되면 많은 시간이 낭비된다. 다만, 낭비되는 것처럼 보이지 않게 쓸데없는 일(고객 가치를 만들지 못하는 일)을 만든다. 게다가 기획, 디자인, 설계, 개발, 검증 등은 서로 막대한 영향을 미치기 때문에 팀 간의 조정과 서로의 일이 끝나기를 기다리는 데 많은 시간을 쓴다.

테슬라에서는 혁신 주기를 줄이기 위해 선형적인 방식이 아니라 최대한 병렬적인 방식으로 일한다. 각 팀이 다른 팀의 결과물을 기다리지 않고 자신의 일을 하는 것이다. 테슬라는 심지어 생산 라인에도 이런 병렬적 실행을 도입할 예정이다.

API 구조

의미 있는 병렬적 실행을 위해서는 앞에서 설명한 API 구조가 전제되어야 한다. API 구조는 팀들이 각자 독립적으로 개발하는 것을 가능케 함으로써 기다리는 시간과 팀 간 조정(갈등)에 낭비되는 시간을 최소화한다. 테슬라에서는 소프트웨어뿐 아니라 하드웨어도 API 구조로 설계되어 있다. 옥토밸브가 4개월 동안 열세 번 변경될 수 있었던 것은 이러한 API 구조가 없었다면 불가능했다.

풀스택 팀

또한 병렬적 실행을 위해서는 각 팀이 이른바 풀스택(Full Stack) 팀이 되어야 한다. 즉, 부품·모듈을 변경하는 데 필요한 사람이 모두 함께 모여

머리를 맞대고 일한다. 소프트웨어의 경우 기획·설계·디자인·개발·검증에 필요한 모든 사람이 한 팀을 이루는 것이다. 예를 들어 테슬라의 옥토밸브는 하드웨어·소프트웨어의 기획·설계·생산·검증에 필요한 사람들이 한 팀이 되어 3시간의 사이클로 개선을 이루어 낸다(물론 모든 사이클의 결과가 차량에 바로 적용되는 것은 아니다).

테슬라는 이러한 병렬적 실행의 개념을 한 차원 높여 차량의 신차 개발 단계부터 적용했다. 디자인·설계·생산·자동화의 순서로 진행되는 전통적이고 선형적인 신차 개발 프로세스와 달리, 디자인·설계·생산·자동화의 책임자들이 처음부터 함께 모여 차량을 개발하는 프로세스를 채택함으로써 신차 개발에 걸리는 시간을 줄일 뿐 아니라 향후 발생할 수 있는 여러가지 생산·자동화 문제를 최소화하고 원가를 절감한다. 이러한 프로세스의 결과가 테슬라의 사이버캡이다.

'시키는 대로'에서 '스스로'로

스스로 알아서 일 잘하는 부하 직원은 모든 상사의 꿈이다. 그런데 대부분은 만족스러운 관계를 맺기 어렵다. 왜 그럴까? 가장 큰 이유는 상사와 부하 직원이 한 방향을 보지 않기 때문이다. 두 번째 이유는 실패를 허용하지 않는 시스템·문화에 있다. 세 번째 이유는 즉각적이고 객관적인 피드백을 주고받기가 어렵기 때문이다. 네 번째 이유는 문제가 있어도 덮을 수 있고 서로 못 본 척하기 때문이다.

어떻게 하면 모두가 각자 알아서 일하는데 서로에게 도움이 되고 힘

Elon Musk ✔
@elonmusk

Replying to @abledoc @scottfarkas and 2 others

Everyone eats same food, uses same restrooms, etc –
no executive chef or other ivory tower stuff.

There shouldn't be this workers vs management two-
class system. Everyone is a worker.

1:45 AM · Jun 3, 2022 · Twitter for iPhone

1,999 Retweets   **567** Quote Tweets   **19K** Likes

테슬라에는 경영진(management)은 없고 근로자(worker)만 있다. (https://x.com/elonmusk/status/1532403096680288256)

이 되게 할 수 있을까? 최고의 리더/상사는 업무의 방향을 잘 설정해 주고, 최대한 빨리 객관적인 피드백을 주며, 내적·외적 동기를 부여한다. 테슬라에서는 크게 네 가지 원칙을 적용하여 '최고의 상사는 상사가 없는 것(The Best Manager is No Manager)'이라는 목표를 완성해 가고 있다.

한 방향 보기

각 팀과 팀의 구성원이 한 방향을 보게 하는 가장 좋은 방법은 의사 결정과 행동의 기준이 되는 'Why'와 이를 달성하는 데 도움이 되는 목표를 정의하는 것이다. 그런데 일반적으로 각 팀의 목표(KPI로 측정되는)는 상충되는 경우가 대부분이다. 반면 테슬라는 존재 이유에서부터 이를 달성하기 위한 목표·하위목표가 한 방향을 보도록 설정한다. 각 팀이 최선을 다하면 미션에 한 걸음 더 나아가게 되는 것이다. 각각의 문제 해결 사이클이(즉 내 업무가) 회사 전체의 존재 이유(Why)와 한 방향을 볼 수 있을까?

예를 들어 옥토밸브의 효율성(무게를 줄이거나, 전기를 적게 쓰면서 원가는 적게 드는)을 높이면 히트 펌프의 효율성이 높아지고, 이는 전기차의 주행거리를 높이고, 이는 전기차의 (전체 자동차 시장에서의) 시장점유율을 높여서 지속 가능한 교통수단으로의 전환을 가속화하고, 이는 지속 가능한 에너지로의 전환을 가속화하는 결과가 되는 것이다.[28] 이것이

테슬라의 한 방향 보기

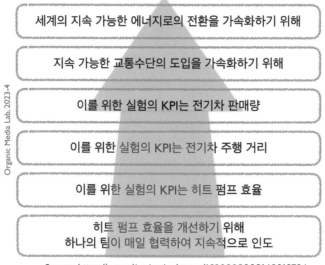

Soruce: https://x.com/JoeJustice/status/1630808008140918784

테슬라에서는 모든 일과 지표(KPI)가 지속 가능한 에너지로의 전환을 '가속화'하는 방향으로 정렬되어 있다.

한 방향이다.

이러한 미션 중심의 업무 환경은 강력한 내적 동기를 부여하기도 한다. 이를 위해서는 다음의 세 가지 전제 조건이 충족되어야 한다.

제1원칙 사고

알아서 일을 잘하려면 일에 의미가 있어야 하고, 스스로 방법을 찾아야 한다(물론 리더나 팀원의 도움이 필요 없다는 것은 아니다). 하지만 대부분의 조직에서는 기존 업무와 업무 방식에 의문을 가지는 것이 금기시된다. 새로운 시도가 잘못되었을 때 그 누구도 책임지고 싶지 않기 때문이다. 결국 원래 하던 일을 기존 방식대로, 시키는 대로 하는 것이 맞지 않다는 것은 알지만, 모두가 타협하는 결론이다.

테슬라에서는 이러한 문제에 대한 해결책으로 제1원칙 사고(First Principle Thinking)에 기반하여 의사 결정하고 행동한다. 모든 업무에서 이 일·부품·공정 등이 왜 필요한지 질문을 거듭하여 물리적 한계에까지 다다르는 것이다(이러한 점에서 Why 워크숍*과 유사하다). 이러한 사고는 '최고의 부품은 No 부품', '최고의 프로세스는 No 프로세스', '최고의 서비스는 No 서비스', '최고의 상사는 No 상사'라는 주문(mantra)으로 표현되기도 한다.

테슬라의 구조적 배터리(Structural Battery)[29]는 이러한 사고를 잘 나

* 오가닉미디어랩에서 진행하고 있는 워크숍으로, 개인 그룹과 기업의 Why를 발견하고 실행을 돕는 세션이다.

최고의 서비스는 No 서비스다

Sr. Manager, Zero Service

Job Category	Operations & Business Support
Location	Fremont, California
Req. ID	220061
Job Type	Full-time

[Apply]

Tesla participates in the E-Verify Program

What to Expect
At Tesla we believe that the best service is no service! We are looking for a highly motivated Senior Manager to join our Service Operations organization and lead the team responsible to identify and eliminate the reasons for our cars to require service.

Organic Media Lab, 2024   Source: https://www.tesla.com/careers/search/job/sr-manager-zero-service-220061

테슬라에서는 업무에서나 채용에서도 '최고의 서비스는 No 서비스'라는 신념을 보여준다. 이 매니저 자리의 역할은 테슬라 차량의 서비스가 필요한 원인을 파악하여 제거하는 것이다.

타낸다. 일반적인 전기차는 배터리 셀이 모듈에, 모듈이 팩에, 팩이 구조물에 싸이는 구조다. 테슬라는 모듈을 없애고 팩이 구조물을 대신할 수 있도록 배터리 팩을 만들었다. 그 결과 차량의 무게를 줄이고 생산 단가를 낮췄다. 레이더나 초음파 센서 등을 없앤 것도 이러한 사고를 적용한 것이다. 이러한 사고는 이른바 팀 간, 부서 간의 경계도 허문다.

즉각적이고 객관적인 피드백

일반적으로 업무에 대한 제대로 된 피드백은 주기도 어렵고, 받기도 어렵다. 파워포인트를 잘 만들었는지는 판단할 수 있어도 만든 파워포인트가 얼마나 고객에게 가치를 더했는지는 아무도 모른다. 하지만 제1원칙 사고에 기반해 시도하고, 배우고, 성장하기 위해서는 시의적절하고 객관적인 피드백이 필수적이다. 일론 머스크는 이를 '비즈니스의 게임화'라는 관점에서 접근한다(일론 머스크는 게임광이기도 하다). 테슬라에서는 AI(이른바 Digital Self Management)[30]가 상사다. 위에서 지시한다는 뜻이 아니라 데이터에 기반해 즉각적이고 객관적인 소통이 이뤄질 수 있도록 관리를 대신 해준다는 뜻이다. 10여 년을 축적한 공정 및 플릿 데이터를 기반으로 구축된 AI 상사는 팀의 업무가 KPI에 어떤 영향을 미쳤는지, 비용은 얼마나 썼는지, 비용 대비 효과는 어떤지 등을 실시간으로 알려준다.

신뢰·투명성

모두가 스스로 알아서 일하기 위해서는 서로에 대한 신뢰가 전제되어야 한다. 누군가 볼 때와 보지 않을 때의 행동이 달라지고, 자신의 업무에 대해 책임을 회피한다면 이른바 권한 위임은 불가능하다. 이러한 신뢰의 문화를 구축하고 유지하기 위해서는 투명한 정보의 공유와 의사소통이 필수다. 테슬라에서는 직원들의 핸드북(Anti-Handbook Handbook)에서도 이러한 전제를 명확하게 알리고 있으며, 실제로 신뢰를 깨거나 투명한 정보의 공유와 소통을 방해하면 해고의 사유가 된다.[31] 그동안 사내에서 정치를 잘해서 살아남았다면, 테슬라 입사는 고려하지 않는 것이 좋다. 정치를 잘하는 사람이 승진하고 자리를 유지하는 구조를 가진 기업이라면, 테슬라의 조직 구조가 아예 불가능하다.

팀 중심에서 문제 중심으로

전통적인 조직은 팀이 계층 구조를 이루고 있으며, 각 팀 단위로 역할이 주어진다. 제조업이라면 각 부품을 책임지는 팀이 있고, 이러한 팀들은 제품의 구조에 맞게 계층구조를 이룬다. 그런데 이러한 형태의 조직은 끊임없는 제품의 혁신이 일어나야 하는 환경에 맞지 않는다.

이러한 팀에는 명확한 경계가 존재하기 때문에 부품 자체와 제품의 구조가 지속적으로 개선되어야 할 때 심각한 문제가 발생한다. 팀의 경계를 넘지 않는 것이 미덕이기 때문에 팀 간의 협업도 어렵고, 다른 팀에서 문제가 발생해 전체 일정에 차질이 생겨도 남의 일이다. 팀의 경계를 확고히 하고 영토를 확장하기 위해 필요 없는 부품이나 기능을 만들어 내기도 하고, 이를 최적화하느라 더욱 바쁘다. 더구나 제품의 구조가 바뀌기 위해서는 팀이 해체되거나 조직의 구조가 변경되어야 하는데, 팀의 해체나 병합 자체가 쉽지 않을 뿐 아니라 보통 조직 개편 주기도 길다.

테슬라는 이런 문제를 해결하기 위해 팀 간의 경계를 해체하고, 문제(예를 들어 생산 라인에서의 병목 지점)를 중심으로 임시로 팀을 만들었다가 문제가 해결되면 흩어진다. 그리고 다음 문제를 중심으로 서로 다른 사람들이 다시 모인다. 경직된 조직도가 아니라 '번개 모임'과도 같다. 모든 분야가 같은 방식일 수는 없겠지만, 기본적으로 어떤 문제에 참여할지는 '간반'이라고 알려진 모두에게 공개된 문제(병목)의 목록에서 각 개인이 자신의 경력, 능력, 선호도 등을 고려하여 스스로 선택한다. 즉

프로젝트 보드 예시

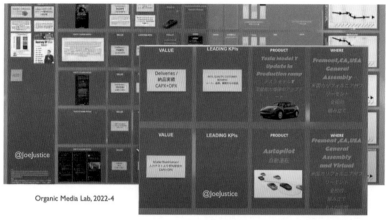

Organic Media Lab, 2022-4

Source: https://youtu.be/FE7OUGC4OB8?t=2057

전 직원에게 공유되는 프로젝트 보드에서 해결할 문제를 선택한다. 대부분의 문제는 공정과 플릿 데이터를 분석하여 AI가 올려놓는다. 물론 누구든 직접 제안도 가능하다.

팀에 문제가 할당되는 것이 아니라, 문제에 맞는 팀이 실시간으로 구성되는 방식이다. 어떻게 보면 말이 안 되는 것처럼 보이지만, 실제로 테슬라에서 일을 하는 방식이다. 오픈 소스 프로젝트(Open Source Project)가 이러한 방식으로 이미 소프트웨어 생태계를 혁신한 것을 기억해 보기 바란다.

일례로 2018년 테슬라가 모델 3 양산에 어려움(이른바 생산 지옥)을 겪고 있을 때, 병목 지점인 공정으로 찾아가면 일론 머스크를 만날 수 있었다고 한다. 그리고 애자일 전문가인 조 저스티스는 페인트 공정 개선에도, 차량 급속 충전 관련 부품 개선에도 참여했고, 일론 머스크와 같은 팀이 되기도 했다고 한다.

번개 모임의 네트워크

지금까지의 내용으로 테슬라의 조직을 정의하면 다음과 같다. 1) 모듈화된 제품/서비스의 구조(modular architecture)와 2) 모듈 간의 공유되고 안정적인 인터페이스(known stable interface/API)를 기반으로, 3) 문제(병목현상)를 중심으로, 4) 스스로 모이는(self-organized)는 수많은 풀스택(full stack) 팀이 5) 동시(massively parallel)에 일하며, 6) 제1원칙 사고와 즉각적이고 객관적인 피드백, 신뢰를 원칙으로, 7) 3시간 주기

번개 모임 네트워크

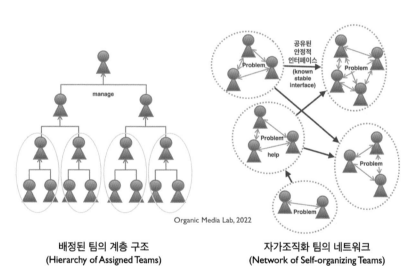

Organic Media Lab, 2022

배정된 팀의 계층 구조
(Hierarchy of Assigned Teams)

자가조직화 팀의 네트워크
(Network of Self-organizing Teams)

테슬라는 기존의 조직과는 다르게 위아래가 없고, 모두가 자신의 일에 책임을 지고 서로를 돕는 동료다. 또한 고정된 팀을 중심으로 문제가 할당되는 것이 아니라 시시각각으로 변하는 문제를 중심으로 팀이 조직화된다.

(problem-to-value cycle time)로 스스로 문제를 해결하는(self-managed) 조직이다. 이를 우리는 '번개 모임의 네트워크(Self-organizing Team Network)'라고 이름 붙였다.

테슬라의 조직과 프로세스는 기존의 지속적 개선, 린, 애자일의 개념을 새로운 차원으로 업그레이드했으며, 이는 지금도 진화 중이다. 테슬라에서 멈춰 있는 것은 없다. 이러한 혁신의 속도를 따라가려면 지금 당장 어떻게 이를 우리의 조직에 접목할 수 있을지 고민하고 시도해야 한다. 아니, 이미 늦었을지도 모른다.

V
BUSINESS

무한 규모로
확장된다

무한 규모 성장의 원리

"우리는 진정 거대한 규모로 이동할 것입니다.
인류 역사상 그 어떤 회사도 도달하지 못한 규모로요.
세상을 지속 가능한 에너지로 전환하려면 그렇게 해야만 합니다."[1]
—일론 머스크

지금까지 살아 있는 네트워크 관점에서 테슬라의 제품이 무엇인지, 고객이 직원으로서 어떻게 테슬라의 독보적인 경쟁력을 만들고 있는지, 대규모 플릿의 가치는 어떻게 만들어지는지, 일하는 방식은 기존 기업들과 어떻게 다른지 알아보았다. 기존에 비즈니스 영역에서 존재하지 않던 이 모든 관점과 원리와 방식을 다르게 명명할 방법이 없어, 테슬라 웨이라고 했다. 그렇다면 이렇게 살아 있는 네트워크, 즉 연결이 가치를 만드는 생명체의 관점에서는 가치의 규모가 어떻게 달라지는가?

마지막 부에서는 '무한 규모' 네트워크의 원리를 이해함으로써, 지금까지 논의한 테슬라 웨이를 정리하는 시간을 갖는다. 여러분이 지금까지 가져온 네트워크 효과나 바이럴에 대한 오해도 풀 수 있는 시간이 될 것이다.

우선 모두에게 익숙한 그래프로 시작하자. 매출이 6년간 8배 성장했다면, 판매 및 관리비(판관비, SG&A)는 그동안 어느 정도 비례해서 늘어

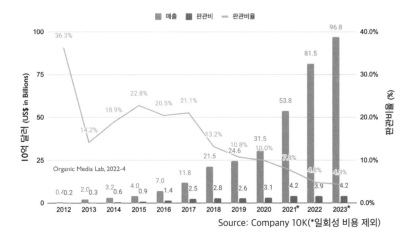

테슬라 매출 대비 판관비 비율 추세

전통적인 자동차 기업의 판관비율(판관비/매출액)이 10~15%를 유지하는 것과 비교하면 테슬라의 판관비율의 감소세와 수준은 경이롭다.

나는 것이 적정할까? 지금까지 살펴본 모든 테슬라 웨이의 실행은 매출과 비용 구조에서 그대로 결과가 되어 나타나고 있다.

지난 6년간 매출이 8배 이상 성장하는 동안 판관비는 1.7배 늘었다. 판관비 비율이 2017년 21%에서 2023년에는 4.3%로 줄어든 것이다.[•] 이는 테슬라의 비용 구조에서 일부만 살펴본 것이다. 실제로 매출원가나 R&D 비용도 판관비와 유사한 추세를 보인다. 어떻게 가능한 것일까?

결론부터 말하면, '무한 확장이 가능한' 비즈니스 구조를 구축했기

[•] 2021년과 2023년의 경우 일회성 비용 각각 3억 4000만 달러(일론 머스크 보상 관련 급여세 비용), 6억 2000만 달러(구조조정 비용)를 제외했다.

때문이다. 이러한 비즈니스의 특징은 한계비용 0(현실적으로는 최소한의 한계비용)으로 기하급수적 성장이 가능하게 만든다. 네트워크를 기반으로 핵심 가치를 만드는 구글, 아마존, 테슬라 등은 무한 확장 가능한 네트워크(이하 무한 규모 네트워크)의 대표적인 사례들이다.[2] 그런데 테슬라는 자동차 제조업과 같은 하드웨어 영역에서까지 한계비용 0에 가까운 구조를 구축하고 무한 규모를 만들고 있다는 것이 더욱 놀랍다.

그렇다면 무한 규모 네트워크는 어떻게 만들어지고 성장할까? 무한 규모 네트워크의 원리는 아래 그림과 같이 가치의 선순환(왼쪽)과 비용의 선순환(오른쪽)으로 이뤄져 있다. 이 두 선순환이 규모를 매개로 서로 맞물려 네트워크를 무한히 성장시킨다.

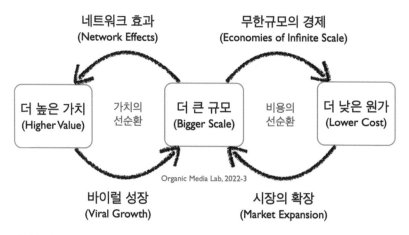

가치의 선순환과 비용의 선순환이 맞물려 무한 규모 네트워크를 만든다.

가치의 선순환

가치의 선순환은 바이럴 성장과 네트워크 효과의 힘(force/torque)으로 더 큰 가치가 더 큰 규모를 만들고, 더 큰 규모가 다시 더 큰 가치를 만드는 것이다. 고객의 '가치'는 이 두 가지 힘을 한 방향으로 모아 선순환을 이루고, 더 나아가 가속화하는 축의 역할을 한다.[3]

회전(순환)하는 모든 것에는 축이 있다. 너무나 명확하고 누구나 다 알 수 있는 진리이지만, 조금 더 일찍 깨달았다면 좋았을 텐데 하는 생각이 드는, 쉽지만 깨닫기 어려운 진리다. 골프나 웨이트 트레이닝 같은 육체적 운동에도, 삶에도, 일에도 적용된다. 축이 흔들리면 제대로 선순환을 이루기도 어렵고, 가속도를 내는 것은 더욱 불가능하다.

가치의 선순환

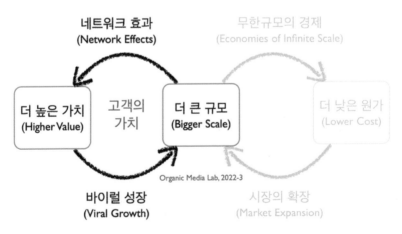

가치의 선순환은 고객의 가치를 축으로, 네트워크 효과와 바이럴 성장의 힘으로 가속화된다.

그렇다면 테슬라의 경우 가치의 선순환의 축은 무엇일까? 테슬라의 고객들은 왜 테슬라를 구매하고, 운전(주행·충전)할까? 특히 기존 차량보다 훨씬 더 많이 주행하는 이유는 무엇일까? 안전하고, 편리하고, 경제적으로 이동하고자 하는 고객들의 문제를 그 어떤 교통수단보다 잘 해결해 주기 때문이다. 더 많은 차량/주행은 더 다양하고 많은 데이터를 수집할 수 있게 하고(네트워크 효과), 더 많은 잠재 고객에게 노출시키고 이들을 고객으로 전환한다(바이럴 성장).

네트워크 효과 → 가치

네트워크 효과는 일반적으로 같은 제품을 소비하는 사용자 수가 늘어나면 늘어날수록 그 제품을 소비함으로써 얻게 되는 효용이 더욱 증가하는 현상을 일컫는다.[4] 예를 들어 페이스북 사용자가 많으면 많을수록, 이들이 친구 관계를 더 많이 맺으면 맺을수록 페이스북의 가치는 더욱 높아지는 것이다. 오가닉 비즈니스의 관점(고객이 직원이다)에서 네트워크 효과를 설명하자면, 더 많은 고객이 직원이 될수록 고객이 만드는 가치가 차지하는 비중이 커지는 현상을 의미한다.[5] 이미 설명했듯이 테슬라의 경우 여러 형태의 네트워크 효과가 있지만, 여기서는 자동차와 직접적으로 관련 있는 플릿 러닝 네트워크 효과와 충전 네트워크 효과, 두 가지만 무한 규모 네트워크 관점에서 간단히 되짚어 본다.

플릿 러닝 네트워크 효과

기존의 자동차는 내가 구매할 때의 가치에 머문다. 하지만 테슬라의 차량은 구매한 이후에 더 나은 가치를 가진다. 이는 크게 두 가지로 설명할 수 있다. 우선은 테슬라 차량의 기능 및 가치는 소프트웨어로 정의된다는 것이다. 물론 하드웨어가 가지는 물리적 한계도 존재하지만, 그 한계 내에서 소프트웨어로 가치가 정해진다. 따라서 차량을 인도받은 후에도 소프트웨어 업데이트를 통해 더 나은 차가 될 수 있는 것이다. 테슬라는 자율주행, 충돌 안정성, 주행거리, 충전 속도, 내비게이션, 엔터테인먼트 등 차량의 전반적인 기능 개선뿐 아니라 대부분의 리콜을 무선(OTA) 소프트웨어 업데이트를 통해 해결하고 있다.

앞에서 살펴본 것처럼, 이 소프트웨어의 개발에 자동차의 소유주가 참여(데이터 수집 및 테스트)한다.[6] 더 많은 사람이 참여할수록 개발 속도가 더욱 빨라지고, 소프트웨어의 품질이 더욱 높아진다. 이러한 현상은 자율주행 소프트웨어뿐 아니라 배터리 관리 소프트웨어(BMS) 등 차량 전반에 걸쳐 나타난다. 즉, 700만 대의 테슬라 차량은 하나의 연결된 집합체(networked collective)로서 테슬라의 소프트웨어 개발에 참여하고 있다.

결과적으로 더 많은 테슬라가 팔리고 돌아다니면 내 테슬라의 가치는 더욱 높아지게 된다.

충전 네트워크 효과

두 번째 네트워크 효과는 충전 네트워크에서 나타난다. 전기차를 타본 경험이 있는 사람들만이 충전의 중요성을 실감한다. 2016년 겨울, 용감하게 전기차를 타고 강원도 속초로 갔다가 돌아오는 길에 고속도로 휴게소에 차를 두고 집으로 돌아온 경험을 한 우리 가족은 더욱 그렇다. 고객 관점에서 수퍼차저의 장점은 비교 불가다. 테슬라의 수퍼차저(충전소)는 테슬라 차량과 하나가 되어 테슬라 생태계의 가치를 더욱 높여 준다.

2024년 9월 말 현재 전 세계적으로 수퍼차저는 6만 2000여 개(6700여 곳의 충전소)가 넘고,[7] 우리나라에도 1100여 개(160여 곳의 충전소)가 있다.[8] 기존 자동차 회사는 아직 테슬라 수퍼차저에 맞설 충전 네트워크를 가지고 있지 못하고, 오히려 수퍼차저 방식의 충전 시스템을 채택하며 테슬라 네트워크로 들어오고 있다. 더 많은 수퍼차저는 더 나은 충전 경험을 제공하고, 이는 더 많은 차량의 판매로 이어져 더 많은 수퍼차저를 설치하는 것을 정당화한다. 이러한 네트워크 효과는 더욱 가속화된다.[9]

바이럴 성장 → 규모

바이럴 성장은 고객이 새로운 고객을 유치하는 현상·구조를 일컫는다. 이러한 구조는 마케팅·영업·광고 비용 없이 비즈니스의 성장을 가능케 한다. 한계비용 0으로 무한한 수요를 창출할 수 있는 것이다.

테슬라는 광고를 하지 않으며, 영업사원 또는 딜러망도 존재하지 않는다. 테슬라는 2024년 말 현재 누적 700여만 대를 인도하면서 마케팅·영업·광고비를 거의 사용하지 않았다. 이에 비해 GM은 2020년 광고비로만 연간 22억 달러[10](한 대당 약 400달러[11])를 사용했다. 그렇다면 어떻게 자동차를 파는 것일까?

테슬라는 고객이 연결된 네트워크로서 광고매체이자 딜러망의 역할을 한다. 수많은 테슬라 관련 유튜브 동영상[12]이나 2억 팔로어를 거느린 일론 머스크의 X(트위터)[13]를 이야기하는 것이 아니다. 700만이 넘는 테슬라 소유주들이 사적인 네트워크를 통해 자동차를 팔고 있는 것이다. 테슬라 소유주의 대부분이 테슬라에 대한 (긍정적) 이야기를 그칠 줄 모른다. 이야기에서 그치는 것이 아니라 지인에게 시승 경험까지 하게 하며 쐐기를 박는다. 이러한 활동을 돕기 위해 테슬라는 추천 시스템을 구축하고 인센티브를 제공하기도 한다.[14] 자동차를 추천하면 충전 마일리지 등으로 보상을 하기도 한다. 이러한 인센티브 시스템이 판매에 도움이 되겠지만, 본질적으로는 고객이 영업사원이 될 정도로 만족도가 높다는 것이 핵심이다.

테슬라는 차가 더 많이 팔리면 팔릴수록 더 많은 영업사원이 생기는 셈이다. 현재도 700만 명이 넘는 영업사원이 활동하고 있는데, 이는 곧 수백만을 넘어 수천만 명으로 증가할 것이다.

비용의 선순환

비용의 선순환은 '한계비용 0'을 축으로 더 큰 규모를 통해 '기하급수적'으로 원가를 낮추고, 더 낮은 원가를 기반으로 시장을 확장하여 기존에는 상상하기 어려운 큰 규모(무한 규모)를 만드는 것이다. 하드웨어를 제조하는 기업인 테슬라가 이러한 선순환 구조를 만들었다는 것은 믿기 어렵지만, 테슬라는 지금 이 순간에도 이 선순환 구조를 더욱 가속화하고 있다.

무한 규모의 경제 → 비용

무한 규모의 경제는 규모가 크면 클수록 원가가 0에 수렴하는 현상이다.[15] 이는 소프트웨어·정보에 기반한 제품·서비스가 한계비용은 0이고 무한 생산이 가능하기 때문에 나타난다. 또한 위에서 설명한 바이럴 성장을 통해 한계비용 0으로 무한한 수요를 만들어 낼 수 있기 때문에 나타난다. 따라서 기존에는 상상할 수 없는 규모가 가능하다. 그로 인해 나타나는 규모의 경제는 기존의 하드웨어 기반 산업에서와 같이, 한계비용 체증의 현상이 일어나는 규모의 경제와는 비교할 수 없다. 예를 들어 2023년 기준 페이스북 사용자는 30억 명 수준이다.[16] 이는 기존의

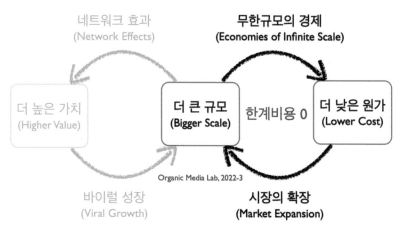

비용의 선순환

비용의 선순환은 '한계비용 0'을 축으로 무한 규모의 경제와 시장 확장의 힘을 통해 가속화된다.

하드웨어나 미디어 비즈니스 관점에서는 상상할 수 없는 규모이고, 이에 따른 원가구조 경쟁력을 따라잡는 것은 불가능하다.

테슬라는 하드웨어를 제조하는 기업이기 전에 소프트웨어 기업이다. 앞에서 언급했듯이 차량 가치의 상당 부분이 소프트웨어적으로 정의되고, 시간이 지날수록 차량 가치의 더 많은 부분을 소프트웨어가 차지할 것이다. 따라서 순수 소프트웨어 기업과 같은 무한 규모의 경제 효과를 누리지는 못할지라도, 기존의 하드웨어에 기반한 기업의 규모의 경제보다는 훨씬 큰 규모의 경제 효과를 누릴 수밖에 없다.

기존 자동차 제조사의 매출 총이익률(Gross Margin)이 10% 내외이고 20%를 넘기기 어려운 데[17] 비해, 테슬라는 평균 판매 가격이 꾸준히 낮아짐에도 불구하고 2023년 매출 총이익률이 18%에 달하고[18] 여전히 성장세에 있는 것은 테슬라의 원가 구조가 기존 자동차 제조사와는 다르다는 것을 명확히 보여준다.

시장 확장 → 규모

시장의 확장은 일반적으로 가격정책, 신규 제품 출시·구성, 지역의 확장 등으로 이뤄진다.[19] 모두 수요의 기반을 넓히는 것이다. 소프트웨어 중심의 제품은 버저닝(versioning)이나 번들링(bundling)을 이용하여 다양한 가격 전략을 펼치기가 쉽다. 테슬라는 한계비용이 0이기 때문에 가격을 낮춰 규모가 커지면 다시 원가가 더 낮아지는 구조를 갖고 있으므로 가격정책에 주력하고 있다. 테슬라는 앞서 설명한 생산비용의 효율화를 통해 자동차 하드웨어 가격을 지속적으로 낮추고 있고, 자율주행 소프트웨어(FSD 감독형)의 구독 서비스를 도입하는 등 다양한 방법으로 수요를 늘리고 있다.

테슬라의 무한 규모 네트워크

지금까지 살펴본 가치와 비용의 선순환 구조를 테슬라에 적용해 보면 다음과 같다.

(1) 테슬라의 오토파일럿(반자율주행 소프트웨어)과 수퍼차저(충전소)는 기존 자동차와는 차원이 다른 경험(higher value)을 제공하고, 이는 테슬라의 인기를 높인다(viral growth).

(2) 더 많은 차량을 생산·인도함(bigger scale)으로써 테슬라의 학습 속도는 더 빨라지고(network effects), 오토파일럿 등의 주행 기능이 더욱 빠르게 향상된다(higher value).

(3) 규모가 커짐(bigger scale)에 따라 원가 구조는 더욱 좋아진다(economies of infinite scale).

(4) 더 낮은 원가(lower cost)를 무기로 가격을 낮춰(market expansion) 더 많은 차량을 판매한다(bigger scale).[20]

더 많은 판매는 다시 더 높은 가치(2)와 더 낮은 원가(3)로 이어진다.

이것이 바로 테슬라의 선순환 구조다. (1)에서 (2)로 이어지는 가치의 선순환과 (3)에서 (4)로 이어지는 비용의 선순환이 서로 맞물려 작동하

테슬라의 무한 규모 네트워크

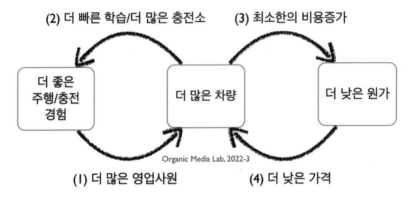

(2) 더 빠른 학습/더 많은 충전소　　**(3) 최소한의 비용증가**

더 좋은
주행/충전
경험

더 많은 차량

더 낮은 원가

Organic Media Lab, 2022-3

(1) 더 많은 영업사원　　　　**(4) 더 낮은 가격**

테슬라의 비즈니스는 무한 규모 네트워크의 선순환이 완벽하게 작동한다.

기 시작하면, 기업의 규모와 가치가 기하급수적으로 증가하기 시작한
다.[21] 이러한 기업은 벤치마킹을 한다 하더라도 후발 주자가 도저히 쫓
아갈 수 없는 속도로 성장한다. 즉, 승자독식의 시장이 된다.

고객 수가 네트워크 효과를 만들까?

테슬라를 탄다고 하면 가장 많이 받는 질문 중 하나가 충전 문제다. '주유소 가는 것보다 훨씬 편리하다'는 것이 내 답이다. 실제로 3년간 7만 킬로미터를 주행할 정도로 제주도를 포함한 전국을 누비면서 한 번도 충전 걱정이나 어려움을 겪지 않았다. 충전이 주유소 가는 것보다 쉽고 편리할 수밖에 없는 이유는 앞선 글에서 충분히 설명한 것 같다.

실제로 테슬라의 수퍼차저 네트워크는 테슬라 차량과 한 몸처럼 유기적으로 연결되어 있고, 끊김이 없는(seamless) 충전 경험을 제공한다. 이러한 경험은 테슬라를 선호하게 만들고, 테슬라는 차량의 지역 인도 대수와 경로에 맞춰 충전소를 추가함으로써 더욱 충전 경험을 향상하는 선순환을 이루었다.

하지만 기존 자동차 업체들은 전기차 생산에만 집중하고 충전 인프라에는 큰 관심을 두지 않는 실수를 범했다. 이는 기존의 내연기관차 제조업체가 주유소라는 인프라에는 전혀 신경을 쓰지 않는 것과 마찬

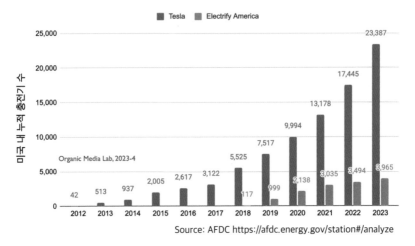

테슬라 수퍼차저 vs. 일렉트리파이 아메리카

■ Tesla　■ Electrify America

미국 내 누적 충전기 수

연도	Tesla	Electrify America
2012	42	
2013	513	
2014	937	
2015	2,005	
2016	2,617	
2017	3,122	
2018	5,525	117
2019	7,517	999
2020	9,994	2,138
2021	13,178	3,035
2022	17,445	3,494
2023	23,387	3,965

Organic Media Lab, 2023-4

Source: AFDC https://afdc.energy.gov/station#/analyze

북미의 대표적인 충전 사업자인 일렉트리파이 아메리카와 테슬라 수퍼차저 네트워크 간의 격차는 시간이 지나면서 더 커지고 있다(네트워크 효과는 지수함수적으로 발생한다). 하지만 문제는 충전 기의 수에만 머물지 않는다.

가지다. 충전 인프라를 구축하는 기업들의 경우 충전소·충전기의 개수를 늘리는 데만 신경 쓰고, 고객의 경험에는 전혀 신경 쓰지 않았다. 아무리 충전소가 많더라도 충전기가 고장 나 있거나, 연결이 되지 않아 씨름을 한다거나, 오래 기다려야 한다면 아무 의미가 없다. 북미 시장의 대표적인 충전 인프라 기업인 일렉트리파이 아메리카의 예가 그렇다. 시작도 늦었지만 거의 최악의 충전 경험을 제공함으로써 사용자의 감소를 가져오고, 충전기의 확대 속도를 늦출 수밖에 없는 상황에 처했다. 한국도 다르지 않다. 네트워크 효과를 이해하지 못했기 때문이다.

네트워크 효과에 대한 오해

네트워크 효과는 네트워크가 커짐에 따라 네트워크의 가치가 커지는 현상이다. 하지만 네트워크 효과에 대한 오해는 가치의 선순환을 만들지 못하는 결과를 가져온다.

네트워크 효과만큼 모든 사람이 알지만 거의 대부분이 제대로 이해하지 못하는 용어는 없을 것이다. 일반적으로 '사용자 수가 많아지면 제품·서비스의 가치가 높아지는 현상'을 네트워크 효과라고 알고 있다. 하지만 이러한 정의는 네트워크 효과를 이해하고 이에 따라 의사결정을 하거나 행동을 할 때 전혀 도움이 되지 않는다. 이러한 정의는 사용자 수를 늘리기 위해 돈과 시간과 노력을 들이지만, 결과적으로는 이 모든 것을 낭비하는 결과만 가져올 뿐이다.

가입자 수가 핵심이 아니다

삼성전자의 메신저 서비스인 챗온(ChatOn)은 2011년 출시 이후 2년도 채 되지 않아 1억 명의 가입자를 유치했다.[22] 현재 카카오톡 가입자 5000만 명을 훌쩍 넘는 성과다. 챗온은 어떻게 되었을까? 2014년 서비스가 종료되었다.[23] 만약 가입자 수에 의해 네트워크 효과가 결정되었다면 챗온의 운명은 달라졌을 것이다.

그렇다면 네트워크 효과는 무엇에 의해 결정될까? 가입자 간의 연결의 규모(네트워크의 노드가 아니라 링크의 수)에 의해 결정된다. 예를 들어 메신저는 챗룸(이른바 톡방)의 수가 네트워크 효과를 결정한다. 챗온은 카카오톡에 비해 챗룸이 현저하게 적었을 것이다.

충전 인프라도 마찬가지다. 미국은 2023년 말 기준 CCS1 충전기의 수가 1만 3000여 개로, 충전소가 크게 부족한 것은 아니다.[24] 테슬라 수퍼차저의 약 56%에 해당하는 규모다. 하지만 CCS1은 여러 충전 업체가 난립하다 보니 네트워크가 파편화되어 네트워크 효과가 반감된다(비유하자면 카카오톡 같은 메신저 시장이 여러 앱으로 파편화되어 있는 상황과 같다). 물론 동일한 현상이 한국에서도 벌어지고 있다.

가장 대표적인 예인 일렉트릭파이 아메리카도 2022년을 기준으로

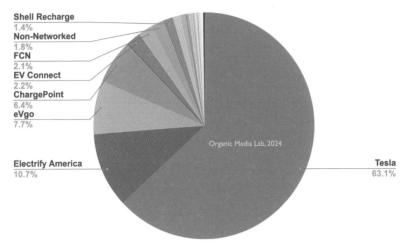

미국 급속 충전기 시장점유율 (2023년 말 기준)

Shell Recharge
1.4%
Non-Networked
1.8%
FCN
2.1%
EV Connect
2.2%
ChargePoint
6.4%
eVgo
7.7%

Organic Media Lab, 2024

Electrify America
10.7%

Tesla
63.1%

Source: AFDC https://afdc.energy.gov/stations#/analyze

2023년 말 현재 테슬라를 제외한 충전 인프라는 파편화되어 있다(30여 개). 이를 수많은 주유소 체인이 존재하는 것과 유사하게 생각하는 것은 전기차와 충전기가 한 몸이라는 사실을 간과한 것이다.

전기차와 충전기 네트워크의 연결 규모에 해당하는 충전 세션의 수는 테슬라 대비 6분의 1, 충전 전력량은 10분의 1 수준이다. 즉 테슬라 수퍼차저 네트워크는 충전기 수만큼 4배 큰 네트워크가 아니라 10배 큰 네트워크이고, 그에 맞는 네트워크 효과를 가진다.

	테슬라 수퍼차저●[25]	일렉트리파이 아메리카[26]
충전소 수 (2022년도 평균)	1,433	750
충전기 수 (2022년도 평균)	15,312	3,265
세션 수 (2022년도 기준)	31.2 M●	5.2 M[27]
전력량 (2022년도 기준)	1,800 GWh●	173.2 GWh

내가 아니라 고객의 경험이 만든다

네트워크 효과와 관련하여 두 번째 오해는 기업이 네트워크 효과를 만든다고 생각한다는 것이다. 대부분의 기업이 네트워크 효과를 만들기 위해 이벤트를 통해 가입자를 늘리거나 충전기를 늘리기 위해 노력한다. 가입자 수나 충전기 수가 네트워크 효과를 결정한다면 기업이 네트

● 미국 기준으로 통일하기 위해 테슬라의 수퍼차저 충전 세션 수와 전력량을 전 세계 기준의 40%로 추정했다. 2022년 말 기준 전 세계 테슬라 충전기 수는 4만 2752개다.

워크 효과를 만들어 낼 수 있다. 하지만 연결은 고객이 만든다.

메신저의 챗룸도, 전기차의 충전 세션도 고객이 만든다. 물론 기업이 챗룸을 더 잘 만들 수 있게 도울 수 있고, 충전을 더욱 쉽고 빠르게 하는 것을 도울 수도 있다. 이것이 기업이 할 일이다. 연결의 규모를 만드는 것은 고객의 경험이다.

테슬라는 충전소에서 충전을 시작하는 데 드는 시간이 채 5초가 걸리지 않는다. 충전 시간도 총 15~20분 정도로 장거리 운전 시 잠시 휴식을 취하는 시간이면 충분하다. 어디서 언제 충전해야 할지도 내비게이션(트립 플래너)을 통해 제안해 준다. 이처럼 끊김이 없는 경험은 더 많은 거리를 주행하게 만들고, 이는 더 많은 충전 세션을 만든다. 즉 더 많은 연결을 만드는 결과가 되고, 이것이 네트워크 효과를 발생시킨다.

이에 반해 일렉트리파이 아메리카와 같은 기존 충전 인프라는 어디서 언제 충전할지도 스스로 결정해야 하고, 충전을 시작하는 데 걸리는 시간도 예측이 어려우며, 고장·회원 가입·통신 문제·결제 문제 등으로 적게는 1분, 많게는 10여 분을 충전을 시작하기도 전에 허비한다.[28] 나도 10개 이상의 서로 다른 회사와 기관의 충전 카드를 갖고 있다. 테슬라 충전소가 아닌 곳에서 충전을 하려면 일일이 회원 가입을 해야 하고, 각각의 충전카드를 소지해야 하는 번거로움도 있지만, 무엇보다 결제나 고장 문제도 빈번하게 발생한다.

한계비용이 들지 않는다

세 번째 오해는 네트워크 효과를 달성하기 위해 많은 비용이 필요하다는 생각이다. 이는 가입자를 늘리기 위해서뿐 아니라 활성 사용자(active users)의 수를 늘리기 위해서도 막대한 비용을 사용해야 한다는 논리다. 그런데 활성 사용자에 대한 정의나 측정 기준이 네트워크의 가치를 만드는 것과는 무관한 경우도 많다(예를 들어, 앱에 로그인하거나 여는 것만으로는 네트워크의 가치를 높이지 못한다).

고객이 네트워크 효과를 만든다면 한계비용이 들지 않는 것이 당연하다. 카카오톡을 예로 들면, 경품을 주기 때문이 아니라 내 (커뮤니케이션) 문제를 해결하기 위해 톡방을 만들고 대화를 한다. 고객이 참여해야 달성할 수 있는 충전 세션을 늘리기 위해 테슬라는 직접적인 비용(즉 한계비용)을 사용하지 않는다. 테슬라는 충전의 경험이 더 좋아지게 하기 위해 충전소와 충전기의 수를 늘리고, 혼잡한 충전소를 피하도록 도울 뿐이다. 여기서는 자세히 언급하지 않겠지만, 테슬라처럼 살아 있는 네트워크가 제품인 경우 마케팅의 개념과 역할은 본질적으로 달라질 수밖에 없다.

물론 고객 차원에서도 비용이 들지 않는다. 충전소가 추가되어도 고객이 일일이 찾아다닐 필요도 없고, 미리 검색해서 알고 있어야 할 이유도 없다. 차가 알아서 찾아준다. 즉, 충전 네트워크에 참여하는 고객 입장에서도 한계비용이 발생하지 않는다(물론 전기 요금은 내야 한다).

네트워크 효과의 2가지 정의

그렇다면 네트워크 효과는 어떻게 정의되어야 할까? 이 글에서는 두 가지 관점에서 네트워크 효과를 정의한다.

첫째, 네트워크 효과는 연결에 비례한다

네트워크 효과가 사용자(노드)의 수가 아니라 연결(링크)의 수에 비례한다는 관점에서 네트워크 효과를 다음과 같이 정의할 수 있다.

네트워크 효과 = 연결의 수×연결의 가치

연결의 수는 사용자의 수에 의해 제한되지만, 사용자의 수가 많다고 연결의 수가 많은 것은 아니다. 앞에서 언급했듯이 충전기의 개수에 따라 가능한 충전 세션(전기차와 충전기의 연결)의 수가 결정되지만, 충전기의 수가 많다고 충전 세션의 수가 무조건 많아지는 것은 아니다. 하지만 대부분의 충전 사업자들이 충전기 개수를 늘리는 데만 혈안이 되어 있고, 충전 경험을 높이는 데는 관심이 없다. 충전소의 위치, 혼잡도, 가입, 결제, 통신 등에 문제가 있다면 아무리 충전기가 많이 설치되어 있더라도 충전 세션의 규모는 커질 수 없다.

하지만 더 큰 문제는 대부분의 기업이 자신이 어떤 네트워크를 만드는지 알지 못한다는 것이다. 안다고 하더라도 그 네트워크의 노드가 정확히 무엇이고, 네트워크 효과를 만드는 연결이 무엇인지 모른다. 테슬라는 자동차의 네트워크를 만들고, 이는 주행 세션(출발지에서 목적지로 이동하는 경험)이라는 연결을 만든다. 또한 전기차와 충전기의 네트워크를 만들고, '충전 세션'*이라는 연결을 만든다.

연결의 가치는 기업이 자신의 비즈니스에서 '연결'이 무엇이고, 어떻게 연결을 만드는지 명확히 알고 있을 때 구체화된다. 여기서 연결의 가치는 연결이 되는 주체(노드)를 통해 얻게 되는 직접적인 가치만을 말하지 않는다. 간접적 가치를 포함한다. 나의 충전을 통해 나의 차량뿐만 아니라 나의 여정, 충전과 관련된 모든 컨텍스트 등을 테슬라가 파악하게 되고, 이 데이터를 통해 다른 고객이 더 좋은 충전 세션의 경험을 가질 수 있도록 돕는 역할을 한다. 서로 직접 연결되지 않은 다른 주체들이 간접적으로 경험하게 되는 가치다. 연결된 가치로서 주행 세션은 테슬라의 주행 경험을, 충전 세션은 테슬라의 충전 경험을 향상한다.

둘째, 네트워크 효과는 고객이 만든 가치가 차지하는 비중이다

네트워크 효과는 고객이 만든다는 관점에서는 다음과 같이 네트워크 효과를 정의할 수 있다.

$$\text{네트워크 효과} = \frac{\text{고객이 만든 가치}}{\text{기업이 만든 가치} + \text{고객이 만든 가치}}$$

우리는 가치는 기업이 만들고 고객이 이를 구매·사용하는 것으로 생각한다. 하지만 오가닉 비즈니스에서는 고객과 함께 가치를 만들고, 이

• 이 충전 세션과 같이 비즈니스의 연결을 만드는 실체를 오가닉 비즈니스에서는 미디엄(Medium)이라고 부른다. 모든 기업이 네트워크 기반으로 전환하기 위해서는 반드시 발견해야 하는 핵심이기도 하다. 오가닉미디어랩에서 기업과 함께 워크숍을 진행할 때 미디엄을 찾는 세션은 가장 중요한 단계다.

를 공유한다. 그렇다면 고객이 경험하는 제품·서비스의 총가치는 기업이 직접적으로 만든 가치, 즉 직원이 급여를 받고 만든 가치(예를 들어, 테슬라의 경우 전기차 하드웨어)와 고객이 급여를 받지 않고 만든 가치(테슬라의 오토파일럿, 트립 플래너 등)의 합이다. 이 총가치에서 고객이 만든 가치가 차지하는 비중을 네트워크 효과라고 정의할 수 있다.

테슬라는 고객이 만드는 가치인 구매·주행·충전 세션을 기반으로 충전 경험을 향상하는 데 집중했다. 차량의 판매, 이동 경로, 충전 세션 데이터에 기반하여 새로운 충전소의 위치와 충전기의 개수를 결정함으로써 충전 때문에 우회하거나 대기하는 시간을 최소화하기 위해 노력한다. 또한 충전 세션 데이터를 기반으로 충전의 속도와 안정성을 높인다.

그 결과 테슬라의 고객은 테슬라를 타고 출근을 하고, 여행을 하고, 충전을 함으로써 테슬라를 위해 가치를 만든다. 이제는 경쟁사들까지 테슬라의 수퍼차저 네트워크에 참여하기로 결정함으로써 테슬라 고객뿐 아니라 경쟁사의 전기차를 타는 고객도 테슬라의 충전 네트워크를 위해 일하게 되었다.

네트워크 효과를 위해 해야 할 일

그럼 기업은 무엇을 해야 할까? 오가닉 비즈니스 관점에서는, 정도의 차이는 있지만 모든 비즈니스가 네트워크 효과를 얻을 수 있다. 손에 잡힐 듯 잡히지 않는 네트워크 효과는 그럼 어떻게 얻을 수 있을까? 오가닉 비즈니스에서 기업의 역할은 고객의 본질적인 문제를 파악하고 이를 중심으로 고객이 스스로를 도울 수 있는 구조와 프로세스(선순환 엔진)를 만드는 데 집중하는 것이다.[29] 이러한 엔진 구조는 기업이 만들지만, 실제로 작동시키는 것은 고객의 몫이다. 이를 위해 네 단계가 필요하다.

내 비즈니스에서 고객 문제의 정의

대부분의 기업은 모든 전략을 이미 주어진 제품을 기준으로 시작한다. 전통적인 자동차 제조사들은 자동차가 제품이다. 지난 모델보다 조금 더 나은 자동차를 만드는 것이 해결해야 할 과제라고 생각한다. 그래서 '고객에게 어떻게 팔 것인가'가 해결할 문제가 된다. 업계 사람들의 증언처럼, 자동차 산업은 패션 비즈니스가 된 지 오래다. 유행하는 새 옷을 사고 싶게 만드는 것처럼, 신차를 사고 싶은 욕구를 일으키려고 노력한다. 고객이 자동차를 구매한 후 어떻게 '이동'이라는 문제를 해결하는지 관심이 없다. 있다 하더라도 CS의 영역이라고 생각하며 사후적으로 대응한다.

물론 모든 자동차 제조업체가 더 안전하고, 편리하고, 경제적인 자동차를 만들기 위해 노력한다고 주장하지만, 진정으로 고객의 문제에서 출발한다면 자동차 판매 대수가 아니라 다음과 같은 지수가 KPI가 되어야 한다.[30]

- 전반적인 만족도: 주행 횟수 및 주행거리(number of trips and miles driven)[31]

- 안전함: 사고 빈도(million miles/accident, million miles/fire)[32]
- 편리함: 주행당 운전자 액션(driver inputs/trip)
- 경제성: 에너지 효율성(kWh/mile)

테슬라의 KPI다. 전체 플릿을 대상으로 이러한 지수를 측정할 수 있는 자동차 업체도 거의 없다. 'Why'가 본질적으로 다르기 때문에 해결해야 할 고객의 문제도 다르게 정의되는 것이다. 고객의 문제 정의 단계부터 올바르게 되어 있지 않으면, 나머지 3단계는 의미가 없거나 이미 잘못된 길로 가는 중이다.

대부분의 자동차 업체가 충전을 충전 업체와 고객이 알아서 해결해야 할 문제(pain points)라고 간주하는 동안, 테슬라는 충전기를 제품의 일부라고 생각하고 수퍼차저 네트워크의 확장에 최선을 다한 이유와 같다. 테슬라 차량과 수퍼차저가 마치 한 몸처럼 움직인 결과 고객의 문제가 어떻게 해결되었는지는 이 책에서 설명한 바와 같다.

테슬라는 안전도 고객의 문제 관점에서 접근한다. 사고가 났을 때 피해가 최소화되도록 하는 노력도 있지만, 그전에 AEB(자동 긴급 제동), 오토파일럿의 지속적 업데이트로 아예 사고가 나지 않도록 돕는다. 운전자의 운행 방식도 점수화(게임화)했다.[33] 안전 운전 점수에 따라 다음 달 자동차 보험료가 크게 변경되어 안전 운전이 경제적으로도 도움이 되도록 하고 있다.[34]

이렇듯 고객의 본질적인 문제(안전하고, 편리하고, 경제적인 이동)에서 출발해 이를 근본적으로 해결할 수 있는 해결책(전기차, 수퍼차저, 오토파일럿, 보험 등)을 내놓는 데 집중하는 것이 네트워크 효과를 만들기 위한 첫 번째 단추다. 회사의 KPI와 'Why'가 일관되지 않다면, 네트워크 효과를 위해 기업이 할 수 있는 일은 없다.

내 비즈니스에서 네트워크 정의

여러분의 비즈니스에서 'Why'에 기반하여 고객의 문제가 명확하게 정의되었다면, 그다음에 할 일은 여러분이 만드는 네트워크가 무엇인지 명확하게 이해하고 정의하는 것이다. 네트워크의 참여자(노드)는 누구인지, 단면 네트워크인지, 양면 네트워크인지, 선순환을 이루는지, 악순환을 이루는지 등을 명확하게 정의해야 한다. 예를 들어, 테슬라는 전기차와 충전기의 양면으로 이루어진 양면 네트워크다. 물론 전기차 간의 단면 네트워크이기도 하다. 네트워크 구조가 무엇인지는 앞서 출간한 《오가닉 비즈니스》의 '아마존의 네트워크 효과'에 상세히 설명되어 있고,[35] 이 책의 2부 〈Product: 네트워크가 제품이다〉에서도 상세히 다루었다.

내 비즈니스에서 연결의 정의

네트워크가 정의되었다면 참여자들 간의 연결을 구체화해야 한다. 대부분의 기업이 이 연결이 무엇이고 어떤 가치를 가지는지 정확하게 이해하고 정의하지 못한다. 페이스북은 친구의 네트워크를 만들고, 친구 관계가 핵심적인 연결이다. 테슬라에서는 전기차의 네트워크는 주행 세션이, 전기차와 충전기의 네트워크는 충전 세션이 핵심적인 연결이다.

내 비즈니스에서 고객 역할의 정의

연결이 정의되었다면 고객의 역할을 더욱 명확히 하고 이를 어떻게 도울지 정해야 한다. 페이스북은 사용자들이 어떻게 친구를 잘 맺게 할지, 이를 돕는 방법을 찾고 제공했다. 테슬라는 더 좋은 주행 경험과 충전 경험이 더 많은 주행과 충전을 하도록 도왔다. 오가닉 비즈니스에서 고객의 역할은 기업이 제공한 해결책을 이용하여 자신의 문제를 해결하고, 신규 고객이 영입되도록 도움으로써 네트워크를 성장시키는 결과를 만드는 것이다.

고객은 자신의 문제를 해결한다

고객은 안전하고, 편리하고, 경제적인 출퇴근과 여행을 위해 테슬라를 운전한다. 이러한 주행이 쌓여 더욱 안전하고, 편리하고, 경제적인 이동이 가능해진다. 이는 더 많은 주행을 하게 만든다(많은 테슬라 운전자들이 과거에 대중교통을 이용하던 곳도 직접 운전을 하고, 고속열차나 비행기를 타던 거리도 테슬라를 직접 운전해서 여행한다). 그 결과 자신의 주행 세션과 충전 세션에서 생성된 데이터를 통해 다른 고객의 문제를 해결하도록 간접적으로 돕는 역할까지 수행하게 된다.

신규 고객을 유치한다

이러한 경험은 유사한 문제를 가진 주변(온·오프라인 포함)의 사람들에게 자연스럽게 전해진다. 이때 고객은 마케터이자, 영업사원이자, 광고 미디어가 된다. 하지만 자신의 이익을 위해서가 아니라 지인의 문제를 돕고 싶은 마음 때문이다. 믿을 수 있는 지인의 추천 및 경험("Butts in seats")은 그 어떤 광고보다 강력하다.[36] 새로운 고객은 또 자신의 문제를 해결하기 위해 운전을 하고, 지인을 고객으로 만든다.

고객들의 주행과 충전은 네트워크를 성장시킨다. 다른 고객에게 도움이 되는 주행 세션, 충전 세션의 규모가 네트워크의 규모를 결정한다. 신규 고객을 끌어들이는 것 또한 결과적으로 네트워크를 성장시킨다. 즉 네트워크 효과와 바이럴 성장은 서로 선순환을 일으키며 네트워크의 규모를 키우고, 그 결과 가치가 기하급수적으로 성장하게 된다.

기존 자동차 기업들은 어떤 네트워크 효과를 만들고 있는지 질문해 보기 바란다. 테슬라보다 훨씬 큰 규모의 플릿(고객)을 보유하고 있지만, 과연 고객들이 기업을 위해 가치를 만들고 있는지, 만들고 있지 않다면 어떻게 접근해야 할지 네트워크 관점에서 고민해 보기를 바란다.

바이럴이 만들까, 광고가 만들까?

테슬라는 지속적으로 성장하기 위해 전통적인 광고를 해야 할까? 테슬라 주주들 사이의 가장 큰 논란 중 하나다. 테슬라는 지금까지 전통적인 의미에서의 광고비를 전혀 쓰지 않고 기하급수적 성장을 해왔다. 테슬라는 2022년에 미국 시장에서 15만 달러를 광고비로 지출했는데,[37] 이는 전통적인 자동차 업체와는 비교할 수 없는 수준이다.

연간 매출 100조를 달성하는 기업이 광고비를 쓰지 않고 고객의 입소문만으로 성장했다면 믿을 수 있을까? 앞으로 10년간 10배 이상 성장을 이루는 데 입소문으로 충분할까? 광고는 어떤 역할을 할 수 있을까? 이에 답하기 위해서는 바이럴 성장(이른바 입소문 마케팅)에 대한 오해부터 알아보아야 한다.

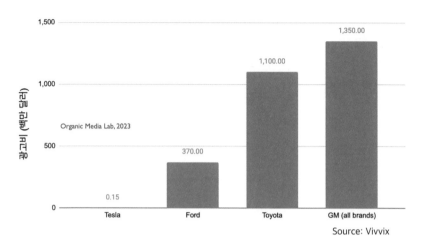

자동차 업체별 2022년 미국 내 광고비

1,500

1,000

평균 단가 (백만 원)

500

Organic Media Lab, 2023

1,350.00

1,100.00

370.00

0.15

| Tesla | Ford | Toyota | GM (all brands) |

Source: Vivvix

테슬라는 광고 없이 매출 100조를 달성했다. 2022년 기준 테슬라의 마케팅·광고·홍보비도 매출액 대비 0.1%에 불과하다(일반적으로는 2~3% 정도를 사용한다).[38]

바이럴 성장에 대한 오해

바이럴 성장도 네트워크 효과 못지 않게 오해가 많은 개념이다. 대부분 광고·리뷰의 '바이럴한' 확산 관점에서 바이럴을 생각한다. 이른바 전통적인 마케팅의 영역이다. 하지만 가치의 선순환 관점에서 보면 바이럴 성장은 제품이 제품을 팔고, 고객이 영업사원이 되는 제품·서비스의 구조 및 프로세스에 대한 이야기다. 즉 전통적인 마케팅의 영역이 아니라 제품·서비스의 기획·설계·구현·마케팅·사용 등 전사적인 영역이다(이를 오가닉미디어랩에서는 '오가닉 마케팅'이라 부른다).

오해 1: 바이럴 성장은 광고를 보조하는 역할이다

바이럴 성장은 광고·마케팅에서 있으면 좋은, 즉 기존의 광고·마케팅·영업을 보조하는 방법으로 여긴다. 하지만 특히 네트워크 효과가 발생하는 제품·서비스의 경우 바이럴 성장이 주축이 될 수 있고, 그렇게 되어야 한다. 테슬라는 전통적인 광고를 하지 않고 입소문으로만 인도량이 2013년 2만 대에서 2023년 181만 대로 증가했다.

이처럼 폭발적으로 성장하는 동안 전통적인 광고는 없었다. 물론 테슬라처럼 기존 마케팅·광고가 전혀 필요 없다면 더욱 좋겠지만, 그렇지 않더라도 바이럴 성장이 주축이 되고 전통적인 마케팅·광고가 보조 수단이 되어야 한다는 것이다.

테슬라의 성장 (차량 인도 기준)

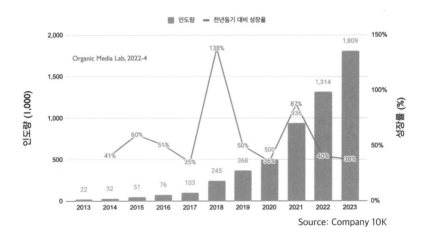

테슬라는 지난 10년간 연평균 성장률(CAGR) 55%를 유지하며 80배 성장했다.

오해 2: 바이럴 성장은 마케팅의 영역이다

비즈니스의 성장이 마케팅의 영역이라고 생각하는 것은 두 번째 오해다. 테슬라에는 마케팅 부서가 없다. 일론 머스크는 제품에 '마음과 영혼(heart & soul)'을 담아 고객들이 사랑하는 제품을 만들면 저절로 팔려 나간다고 했다.[39]

마찬가지로 아마존의 제프 베이조스도 "전통적 세상에서는 30%의 시간을 훌륭한 서비스 구축에 투자하고 70%의 시간을 이에 대해 외치는 데 할애했지만, 새로운 세상에서는 그것이 역전된다(In the old world, you devoted 30% of your time to building a great service and 70% of your time to shouting about it. In the new world, that inverts.)"[40]라고 하면서 제품·서비스의 탁월한 우월성을 강조했다.

이러한 관점에서는 마케팅이 사후적인 것이 아니며, 제품·서비스 자체가 광고이자 마케팅인 것이다. 제품이, 경험이 광고이고, 고객이 영업사원인 구조를 만드는 것은 제품의 기획·설계에서부터 시작되어야 하는 통합적이고 동시다발적인 노력이다.*

테슬라는 이러한 오가닉 마케팅 구조와 프로세스를 가장 잘 만든 기업이다. 내 주변에서 테슬라를 사는 사람들은 내 강의를 들은 사람들이 아니라 내 테슬라를 타본 사람들이다. 제품에 '마음과 영혼'이 담겨 있지 않고, 고객이 제품을 사랑하지 않는다면 일어날 수 없는 일이다. 물론 고객이 영업사원이 될 수 있도록 돕는 추천 시스템 또한 갖추고

---

* 윤지영의 책《오가닉 마케팅》은 이 관점에서 마케팅을 다시 정의했다.

사이버트럭은 테슬라의 빌보드다. 유명인들이 사이버트럭을 타는 이미지가 인스타그램을 통해 속속 확산되고 있다. 이들의 인스타그램 팔로어 수만 10억 명이 훌쩍 넘는다. (사진: https://x.com/Teslaconomics/status/1761638646908932152/photo/1)

있지만, 이것이 원인은 아니다.

　2023년 말에 출시된 사이버트럭은 제품 자체가 광고였으며, 마케팅의 개념을 한 단계 높였다. 사이버트럭은 돌아다니는 광고판이다. 초기

사이버트럭의 고객들은 이구동성으로 주변의 관심이 부담스러울 정도로 높다고 말한다. 사이버트럭이 테슬라의 성장에 장기적으로 어떤 영향을 미칠지는 두고 봐야겠지만, 현재로서는 바이럴 성장을 가속화하는 데 일조할 것이 틀림없다.

오해 3: 바이럴 성장은 대중적인 규모를 만들지 못한다

바이럴 성장에 대한 세 번째 오해는 이른바 매스 시장에는 적합하지 않다는 것이다. 그래서 대부분 초기에 입소문으로 성장한 스타트업들도 대규모 투자를 받은 후에는 전통적인 광고에 많은 비용을 쏟아붓는다. 하지만 이런 기업들은 성장과 함께 적자의 폭도 확대되면서 어려움을 겪는 경우가 허다하다. 바이럴 성장은 우리가 기존에는 상상할 수 없는 규모를 달성할 수 있는 유일한 방법이다. 예를 들어 페이스북, 구글, 아마존 등은 광고 없이 수억, 수십억 사용자 규모를 만들어 냈다.

2030년 2000만 대 인도를 목표로 하고 있는 테슬라는 이 상상하기 어려운 규모를 달성하기 위해 전통적인 마케팅을 해야 할까? (참고로, 전통적인 마케팅을 통해서든 아니든 아직까지 2000만 대 규모를 달성한 회사는 없다.)

바이럴 성장을 통해 가능한 규모가 아니라고 생각하는 분들을 위해 퀴즈를 드린다. 2023년에 차량을 인도받은 사람이 181만 명이었다면, 매년 새로운 고객이 1년 이내(바이럴 확산 주기)에 몇 대(바이럴 계수)를 팔면 2030년에 2000만 대를 인도하게 될까? 매년 이전 해에 인도받은 고객만 바이럴 활동을 한다는 가정이다. 예를 들어 2024년에는 2023년 이전에 인도받은 300여만 고객은 바이럴 활동을 아예 하지 않는다고

바이럴 성장의 힘

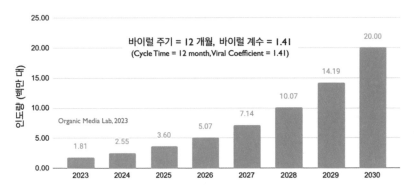

우리가 상상하기 어려운 규모를 달성하는 방법은 바이럴 성장이 유일하다. 바이럴 계수(K)와 사이클 주기(Cycle Time)에 대한 자세한 설명은 "바이럴은 과학이다"를 참조하기 바란다.

전제하고, 오직 2023년 신규 고객 181만 명만 활동을 한다는 가정이다.

답은 1.41대다. 이와 같은 가정을 하면 2024년에 255만 대(181만 대×1.41), 2025년에 360만대(255만 대×1.41), 결과적으로 2030년에는 2000만대(181만 대×1.41^7)를 팔게 된다. 공급만 가능하다면 그렇게 어렵지 않은 목표다. 내 차를 타본 사람들 중에 테슬라를 구입한 사람은 4명인데, 이들은 만나는 사람들마다 다음 차는 테슬라를 사라고, 묻지도 않았는데 주변에 추천하고 글을 쓰고 태워 주면서 영업사원의 역할을 자처하게 되었다.

바이럴 성장을 위한 출발점

"바이럴 마케팅의 핵심은 당신이 무엇을 가지고 있는가에 달려 있다. 당신이 아무것도 하지 않아도 고객이 다른 고객에게 판매할 수 있어 야 한다.(the essence of viral marketing is do you have something where one customer is going to sell to another customer without you having to do anything.)"[41] 바이럴 성장에 대한 일론 머스크의 생각이다. 바이럴 성장 의 핵심을 세 가지 관점에서 살펴보자.

제품·서비스에서 출발한다

일론 머스크는 바이럴 성장은 제품에서 시작한다는 것을 명확하게 강 조하고 있다. 우리는 진정으로 애정하는 제품·서비스를 우리가 아끼는 사람들에게 기회가 있을 때 이야기하기 마련이다. 억지로 말하게 할 수 는 있지만(리뷰 이벤트, 인플루언서 마케팅), 인위적인 인센티브를 통해서 는 오래가지 못한다. 고객들이 진정으로 애정하는 제품은 사후적으로 마케팅 부서에서 만들어 낼 수 있는 것이 아니다.

진정으로 고객의 문제를 해결할 수 있는 제품은 기획에서부터 사후 서비스까지 전사적으로 통합적인 접근이 없으면 어렵다. 테슬라는 전 기차여서가 아니라 그 어떤 교통수단보다 편리하고, 안전하고, 경제적 인 교통수단이기 때문에 고객들이 진정한 팬이 되는 것이다. 고객들의 피드백(자동차 운전)을 기반으로 주기적으로 일어나는 소프트웨어 업데 이트는 고객에게 기다림과 감동을 준다. 시간과 정성을 들여 유튜브 영상을 만들고 채널을 운영하는 테슬라 오너들의 증언이다.

고객 중심이다

둘째, 고객이 기획자, 테스터, 마케터, 영업사원이자 광고 미디어다. 많은 기업이 여전히 고객은 설득의 대상, 교육의 대상이라고 생각한다. 하지만 바이럴 성장에서는 고객이 주인공이다. 기업은 고객이 제품에 대해 더 많은 이야기를 할 수 있도록 도우면 된다. 리뷰 이벤트를 이야기하는 것이 아니다. 5점 만점에 10점짜리 경험은 고객의 입을 다물게 하기 어려울 것이다.

기업의 설득보다 신뢰하는 지인의 경험이 훨씬 더 효율적이고 효과적이다. 테슬라에 대한 수많은 가짜 뉴스가 난무함에도 불구하고 2020년부터 2023년까지 연평균 50% 성장을 유지하고 있는 것은 이를 방증한다. 테슬라는 이러한 고객의 자율적인 활동에 경제적인 인센티브를 추가함으로써 확산의 속도를 가속화한다(경제적 인센티브가 우선된 고객의 활동은 오래가지 못한다).

한 명에서 시작한다

셋째, 고객이 고객에게 파는 것은 한 명에서 시작할 수밖에 없다. 와이콤비네이터(Ycombinator)의 폴 그레이엄(Paul Graham)은 "100만 명이 적당히 좋아하는 제품이 아니라 100명이 진정으로 사랑하는 제품(focus on 100 people that love you, rather than getting a million people that kind of like you)을 만들어야 한다"[42]고 에어비앤비 창업자 브라이언 체스키

2023년 글로벌 탑 10 베스트 셀러

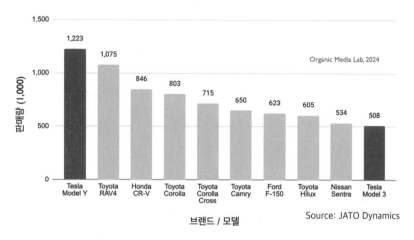

테슬라 모델Y는 런칭한 지 4년 만에 전 세계적으로 122만 대를 인도하는 기적을 일으켰다.

(Brian Chesky)에게 조언하기도 했다. 이러한 조언을 깊이 새긴 체스키는 한 명이 진정으로 감동하는 제품(5점 만점에 10점의 평가를 받을 정도)을 만들고, 그 이후에 또 다른 한 명이 만족하는 제품을 만들어 갔다. 그 결과 현재 400만 명이 넘는 호스트, 1억 5000만 명이 넘는 사용자 규모를 만들었다.

테슬라도 초기에는 대중에게 어필하기보다는 이른바 백만장자들의 장난감인 로드스터(전기 스포츠카)를 만들어 진정한 팬을 만들고, 이를 기반으로 모델 S, X, 3, Y로 점차 진정한 팬의 규모를 확대해 갔다. 2023년 기준 122만 대를 인도한 모델 Y는 토요타 Rav4, 코롤라를 제치고 전 세계에서 가장 많이 팔린 승용차(내연기관차 포함)였다.[43]

규모를 만들기 위해 한 명에서 시작해야 한다는 것은 상식적으로 이해되지 않으나, 수학적으로 증명되는 엄연한 진실이다. 다만, 선형적 사고 체계에 갇힌 우리에게 불가능해 보일 뿐이다. 바이럴 계수(K)가 1을 초과하도록 만들고, 확산 사이클 주기를 줄이면 규모는 저절로 달성된다.

테슬라는 일부 주주들의 성화에 광고를 시작하기로 했지만, 아직까지는 구글 키워드 광고와 유튜브 광고를 시험하고 있는 정도다.[44] 테슬라가 기존 자동차 기업처럼 광고를 해야 할지, 그렇지 않으면 테슬라가 취해 온 바이럴 성장 방식을 더욱 강화해 나가야 할지 답을 얻었을 것이다. 테슬라가 광고에 시간과 비용을 낭비하기보다는 더 많은 사람이 더 많이 차를 타볼 수 있도록 돕는 데 집중하고 있는 이유다.

여러분의 비즈니스에서도 광고 없는 성장, 전통적 마케팅의 관점에서 벗어난 규모의 성장을 원한다면, 바이럴 성장에 대한 정확한 이해에서부터 출발할 수 있기를 바란다. 그 결과는 이 책 전체를 통해 여러분이 이해하게 된 바와 같다.

원가도 0이 될 수 있을까?

일론 머스크는 "자율주행 개발에 성공하면 테슬라가 엄청난 가치 (worth a lot of money)가 있지만, 그렇지 못하면 아예 가치가 없다(worth basically zero)"라고 했다.[45] 이 정도로 테슬라는 자율주행 소프트웨어 개발에 사활을 걸고 있다. 현재는 FSD에 약 40만 명의 고객이 월 100 달러(연간 1200달러)를 내고 있다. 연간 약 6000억 원의 매출로 추정된다. 반면, 자동차는 2023년 연간 180만 대, 더 나아가 2030년에 2000만 대 판매를 목표로 하고 있다. 이미 2022년에 자동차 판매로 100조 원이 넘는 매출도 달성했다. 그런데도 (전기차) 제조업으로서의 가치가 (자율주행) 소프트웨어에 비하면 거의 없는 것이나 마찬가지라니, 도대체 무슨 이야기인가? 이 질문에 답하기 위해서는 무한 규모의 경제 효과에 대해 이해해야 한다.

무한 규모의 경제 효과

무한 규모의 경제 효과란 한계비용이 0인 제품이 공급량이 증가함에 따라 단위 원가가 급격하게 감소하면서 0으로 수렴하는 현상을 말한다. 이익의 관점에서 보면 이익률이 100%에 수렴하는 현상이다. 이러한 효과는 기존에 우리가 알고 있던 규모의 경제 효과로는 이해할 수 없는, 완전히 차별화된 차원이다. 다음의 그래프에 이 원리가 담겨 있다.

개념적으로 이해가 된다고 하더라도, 하드웨어를 제조하는 기업이 무한 규모의 경제 효과를 가질 수 있다는 것은 사실 잘 이해가 되지 않는다. 어떻게 자동차를 생산하는데 원가가 0에 수렴할 수 있다는 말인

무한 규모의 경제 효과

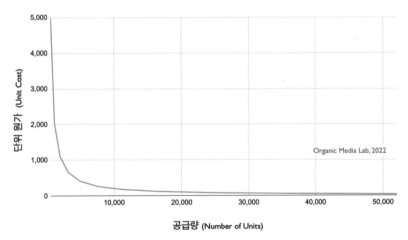

한계비용이 0인 제품의 단위원가*는 0으로 수렴한다.

* 단위원가 = 고정비 / 공급량 (Unit Cost = Fixed Cost / Number of Units)

가? 하지만 테슬라는 다양한 차원에서 무한 규모의 경제 효과를 달성하고 있다. 비즈니스의 관점을 전환했기 때문이다.

테슬라의 원가 구조

테슬라의 5만 달러짜리 자동차의 원가는 얼마일까? 상식적으로는 4만~4만 5000달러 정도로 추측하는 것이 적당할 것이다. 그렇다면 연 1200달러인 FSD의 원가는 얼마일까? 이번에는 추측이 쉽지 않을 것이다. 소프트웨어는 한계비용이 0이라고 해도, 개발비를 어떻게 추정해야 할지 판단이 쉽지 않을 것이다. 그 원가가 고정적이지 않고 판매 수량에 따라 달라지기 때문이다. 고객이 단 한 사람이라고 가정할 경우, FSD의 개발비(고정비)를 연간 20억 달러로 추정하면 생산 원가는 연간 20억 달러다.

그런데 2023년 현재 실제 고객이 40만 명임을 감안하면 실질적인 원가는 연 5000달러로 계산된다. 즉 원가는 FSD를 사용하는 사람의 수에 반비례하게 된다. 한계비용이 0이기 때문이다. 현재는 매출 대비 손실이 나고 있지만, 앞으로 400만 명이 사용한다면 원가는 500달러로, 4000만 명이 사용한다면 50달러로 급격하게 줄어들고, 규모가 더 커짐에 따라 원가는 0에 수렴하게 된다.

이와 같은 무한 규모의 경제 효과가 테슬라에 적용될 수 있는 이유는 스스로 자신의 제품을 자동차 하드웨어가 아니라 소프트웨어, 더나아가 네트워크로 정의하고, 그 원리에 따라 의사 결정과 실행을 하고 있기 때문이다. 하드웨어와 소프트웨어를 모두 만드는 애플과 유사하다고 볼 수도 있겠지만, 테슬라는 이를 통해 무한 규모의 경제 효과가 극대화되는 전략을 구사하고 있다는 점에서 크게 다르다. 애플 아이폰의 전략이 아니라 구글 안드로이드의 전략을 취하고 있는 것이다.

테슬라의 가격 전략

그렇다면 공급량이 늘면 원가가 더욱 낮아진다는 사실을 알고 있을 때, 기업이 취해야 하는 전략은 무엇일까? 테슬라는 대당 1만 5000달러에 구매해야 했던 FSD의 가격정책을 계속 보완하고 있다. 2022년부터는 월 200달러에 구독 서비스도 시작했고, 2024년 현재는 월 100달러에 제공한다. 최근에는 1개월 내지 3개월 무료 구독 서비스까지 도입하고 있다. 왜 이렇게 다양한 형태의 가격정책을 펴는 것일까?

심지어 다른 자동차 제조업체에 FSD 라이선스를 제공할 의사가 있음을 분명히 밝히기도 했다.[46] 수퍼차저 네트워크와 마찬가지로, FSD는 테슬라의 경쟁력 중 중요한 축인데 이를 공개하는 것은 무엇 때문일까?

첫째, 다양한 가격 전략을 통해 시장 규모를 확대하는 것이다. 수요의 탄력성 등을 고려하여 가격을 낮추거나 가격 차별화 등을 통해 시장을 확대해야 한다. 특히 한계비용이 0인 제품이라면 더욱 그렇다. FSD는 이미 차량을 구매한 모든 고객(현재 700여만 대)이 잠재 고객이고, 이 규모는 계속 커질 것(연간 최대 차량 공급 목표가 2000만 대이고 차량 수명이 10년이라고 가정하면, FSD는 2억 대가 최대 규모다)이기 때문에 다양한 방법으로 구독·구매 고객의 수를 늘리는 것이 이익을 극대화하는 방법이다.[47]

둘째, 구글과 마찬가지로 차량 OS 등의 소프트웨어를 공개함으로써 테슬라 FSD의 시장 규모를 더욱 확대하는 것이다. OS는 구글처럼 무료로 라이선스를 제공하고, FSD를 유료로 제공하는 것도 한 가지 방법이다.[48] 이러한 방법을 통해 테슬라 OS에 기반한 모든 차량이 잠재 고객이 되는 것이고, 이 규모는 현재 전 세계에 돌아다니는 자동차의 대수인 14억여 대까지로 확대될 수 있다.[49]

이렇듯 테슬라는 소프트웨어·네트워크 중심의 제품, 전략, 실행을 통해 기존의 하드웨어 비즈니스에 비해 훨씬 더 큰 규모의 비즈니스를 차근차근 완성해 가고 있다.

하드웨어·소프트웨어·네트워크 비용의 상부상조

여기서 더 주목해야 할 사실은, 테슬라는 비용의 선순환 구조를 한계비용이 0인 소프트웨어나 네트워크에만 적용하는 것이 아니라 하드웨어에도 적용하고 있다는 점이다. 이러한 전략은 결국 비용의 선순환을 가속하는 역할을 하게 된다.

테슬라는 하드웨어 부품 개발 및 생산에도 소프트웨어 중심적 사고를 적용했다. 기존 자동차 하드웨어 제조업체에 비해 한계비용이 매우 낮고, 기존 기업의 공장/모델 관점보다 훨씬 더 많이 생산함으로써(공장당 100만 대, 모델당 최소 50만 대 이상) 기존 업체들을 기준으로 보면 무한 규모의 경제 효과에 가깝다고 할 수 있다. 테슬라의 매출 총이익률(Gross Margin)은 20% 수준으로 기존 업체에 비해 매우 높은 편이다.[50]

그럼에도 테슬라는 하드웨어 판매를 통해 이익을 얻기보다는 가격

을 낮춰 시장을 확대하고 수요를 늘리는 전략을 취한다.[51] 이렇게 늘어
난 자동차의 대수(플릿 규모)는 결국 FSD를 팔 수 있는 시장을 확장하
는 데 기여하게 된다. 한 대당 5000~1만 달러의 이익을 취하는 것보다
는 한 대당 10년간 수만 달러의 이익을 취하는 것이 훨씬 나은 전략인
것이다.

결론적으로 테슬라는 차량 하드웨어 공급량을 늘려 원가를 낮추고,
낮아진 원가를 기반으로 가격을 조정함으로써(이익률 0%) 플릿의 규모
를 확장하고, 경쟁사에 OS를 무료로 제공하여 플릿 규모를 더욱 확장
하고(이 규모의 확장은 한계비용이 0이다), 이 플릿 규모를 기반으로 소프트
웨어(FSD)의 공급량을 확대하여 원가를 더 낮추고, 이를 기반으로 소
프트웨어 규모를 더욱 확장하는 전략을 취하는 것이라고 볼 수 있다.

"자율주행 개발에 성공하면 테슬라가 엄청난 가치가 있지만, 그러지
못하면 아예 가치가 없다"는 일론 머스크의 말이 이해되었을 것이다.

비용의 선순환 효과를 위한 조건

그렇다면 무한 규모의 경제 효과와 이에 따르는 비용의 선순환 효과를
누리기 위해 우리는 어떻게 해야 할까? 현실에서 한계비용 0, 무한 규모
(기존의 관점과는 차원이 다른 규모)의 달성 등은 매우 어려워 보인다. 어디
서 시작해야 할까?

첫째, 제품의 소프트웨어·콘텐츠화

제품을 소프트웨어·콘텐츠 기반으로 재정의해야 한다. 하드웨어를 생산하고 판매하고 있는데, 소프트웨어·콘텐츠 기반으로 제품을 정의한다는 것이 가능한가? 하드웨어는 소프트웨어·콘텐츠를 담기 위한 컨테이너·용기로 생각하고, 하드웨어에 담기는 소프트웨어·콘텐츠를 제품으로 생각해야 한다는 것이다. 아마존은 킨들이라는 전자책 하드웨어를 제조·판매하지만, 이는 단지 고객에게 책이라는 콘텐츠를 팔기 위한 컨테이너로 생각한다. 제프 베이조스가 "우리는 기기를 팔아서 돈을 버는 것이 아니고, 고객이 기기를 사용하면 돈을 번다(We want to make money when people use our devices, not when they buy our devices.)"고 한 것과 같은 관점이다.[52]

둘째, 규모의 재정의

일반적으로 규모라고 하면 대부분 고객을 단위로 생각한다. 자동차 제조업에서는 차량이 단위다. 이러한 관점으로는 한계비용을 0으로 만들기 어렵고, 무한 규모를 달성하기도 어렵다. 제품을 소프트웨어·콘텐츠 관점에서 정의하면, 하드웨어의 관점과는 차원이 다른 규모로 확대할 수 있는 가능성이 열린다. 아마존의 경우 킨들이라는 하드웨어를 팔 수 있는 개수에 비해 킨들에서 읽는 책을 팔 수 있는 개수는 차원이 다르다.

셋째, 한계비용의 포괄적 정의 및 제거

하지만 현실적으로 소프트웨어나 콘텐츠가 제품인 비즈니스도 대부분 무한 규모의 경제 효과를 누리지는 못한다. 소프트웨어 생산의 한계비용은 0이더라도 마케팅·영업 등 소프트웨어 인도(생산·판매·유통)의 한계비용은 0이 아닌 경우가 대부분이기 때문이다. 판관비가 규모에 비례하여 커지고, 심지어 한계비용이 한계수익(marginal revenue/판매 가격)을 넘는 경우도 드물지 않다.

이 구조에서 벗어나기 위해서는 한계비용을 일반적으로 생각하는 '한계생산비용'이 아니라 생산·마케팅·영업·사후 서비스 등 생산부터 고객 인도에 이르기까지 투입되는 모든 단계로 확대해야 한다. 모든 단계의 한계비용을 최소화하여 0에 가깝게 만들어야 한다는 사고에서 출발해야 한다. 즉 규모를 늘려도 인력이 늘지 않는, 마케팅비 증액이 필요 없는 구조와 프로세스를 말한다. 테슬라는 이것을 비즈니스 구조로 해결했는데, 지금까지 여러 글로 정리한 조직의 혁신, 고객과의 협업, 소프트웨어 중심 사고 등이 모두 이와 관계된 전략이자 관점이자 실행이다. 그 결과는 이 책 전체를 통해 여러분이 이해하게 된 바와 같다.

존재 경영학

지난 10여 년 동안 글, 강의, 워크숍 등을 통해 네트워크의 관점으로 세상을, 비즈니스를 바라볼 수 있도록 도우려고 노력했다. 하지만 대부분 이러한 관점을 받아들이는 데 어려움을 겪는다. 모두들 세상은 정보사회, 네트워크 사회가 되었다고 외치지만, 여전히 사고와 행동은 산업 사회에 갇혀 있는 경우를 너무나 많이 보았다. 너무나 당연하다.

하지만 산업사회에서 농경 사회의 관점으로 사고하고 행동하면 살아남을 수 없었던 것처럼, 모든 것이 연결되어 하나의 생명체로 진화하는 네트워크 사회에서 산업사회의 관점으로 사고하고 행동하면 살아남기 어렵다. 이 책에서는 테슬라를 네트워크의 관점에서 분석하고 정리했다. 이를 통해 독자들이 테슬라라는 기업의 겉모습이 아니라 본질에 가서 닿을 수 있도록 노력했다.

1부에서는 테슬라를 자동차 제조업체로 바라볼 때 볼 수 없는 것들에 대해 이야기했다. 이른바 '전문가'와 언론이 이 관점에서 벗어나지 못했기에 테슬라에 대한 대중의 지금과 같은 오해도 있다.

2부에서는 테슬라가 만드는 창발적이고 출현적인 가치, 즉 네트워크의 가치에 대해 전기차, 수퍼차저, 로보택시의 네트워크를 사례로 상세히 살펴보았다. 배터리(메가팩, 파워월), 휴머노이드(옵티머스)의 네트워크를 따로 다루지 않은 것은 중요하지 않거나 비즈니스의 규모가 작아서가 아니라 같은 원리로 해석할 수 있었기 때문이다. 물론 이들도 다음 책에서 다룰 예정이다.

3부에서는 테슬라의 자율주행 소프트웨어(FSD)를 사례로 협업의 개념이, 조직의 개념이 어떻게 바뀌었는지 자세히 살펴보았다. 조직과 고객 간의 경계를 허물고 고객과의 협업만이 확장 가능한(scalable) 완전 자율주행을 달성할 수 있는 현실적인 방법임을 이야기했다.

4부에서는 테슬라가 어떻게 상식적으로는 상상이 안 되는 속도로 혁신하고 진화할 수밖에 없는지 살펴보았다. 이를 변화의 한계비용이라는 개념을 통해 상세히 설명했다. 특히 'Why'를 기반으로 모두가 한 방향을 보는 것의 중요성을 강조했다.

마지막으로, 5부에서는 이러한 구조와 작동 원리를 기반으로 테슬라의 비즈니스가 어떻게 무한한 규모로, 기하급수적으로 성장할 수 있는지에 대해 설명했다. 그 과정에서 네트워크 효과, 바이럴 성장, 한계비용 0에 대한 오해도 풀기 위해 노력했다. 한 가지 아쉬운 점이 있다면, 테슬라의 수익 모델에 대해 상세히 다루지는 못했다는 것이다. 이 부분은 《오가닉 비즈니스》의 수익 모델 부분을 참고하기 바란다.

이 책을 통해 조금이라도 테슬라의 본질에 대해 이해하고 사고의 전환이 시작되었기를 바란다. 물론《오가닉 비즈니스》와 마찬가지로 이 책의 출간은 끝이 아니라 시작이다. 독자들과 함께 어떤 여정을 만들어 갈지 기대해 본다. 이 책은 테슬라를 예시로 다루었지만 오가닉 비즈니스의 성장 원리는 모든 영역에 적용된다. 이 시대에 가치를 만들고자 하는 모든 개인, 조직에게 전해졌기를 바란다.

다음 여정

테슬라에 대한 글을 쓰면서, 그리고 강의를 하면서 가장 큰 어려움 중 하나는 일론 머스크다. 워낙 일론 머스크에 대한 부정적 선입견이 많아서 테슬라 비즈니스의 구조와 원리를 이해시키는 데 많은 어려움을 겪었다. 이를 해결하기 위해 초반에는 일론 머스크 비판으로 수업을 시작하기도 했다. 하지만 테슬라를 일론 머스크와 분리해서 생각할 수 없다. 일론 머스크의 생각과 실행 방식이 테슬라라는 비즈니스로, 스페이스엑스라는 비즈니스로 구현되었기 때문이다. 일론 머스크의 생각이 성공적으로 비즈니스화되는 것은 우리에게 크게 두 가지 의미를 던진다.

　우선 일론 머스크의 비즈니스는 인류 문명의 번영을 목적으로 하고 있기 때문에 그가 좋든 싫든, 이대로 계속된다면 우리의 삶 전반에 지대한 영향을 미칠 수밖에 없다. 지속 가능한 에너지로의 전환을 가속화하는 것에서부터 AI와 로봇과의 공생, 다행성 종족이 가능하도록 하는 것 등이 비즈니스의 비전이다. 허황되게 들릴 수 있는 부분도 많을 것이다. 그런데 이 책 한 권을 통해 테슬라가 왜 여기까지 왔고, 어떻게 훨씬 더 멀리 갈 수밖에 없는지 이해했다면 이 비즈니스들을 지켜보는 관점도 조금은 달라졌을 것이다.

둘째, 일론 머스크는 이러한 비전을 통해 'Why'로 돈을 벌 수 있는 방법을 보여주었다. 지금까지 우리가 돈을 많이 벌어서 좋은 일에 쓰겠다는 관점에서 비즈니스에 접근했다면, 일론 머스크는 좋은 일을 하는 데 돈이 따라오는 구조를 만들고, 그 규모를 입증했다는 것이다. 이는 일론 머스크가 자신의 비즈니스는 모두 필란트로피(Philanthropy)[1]라고 한 것과 일맥상통한다. 그를 싫어하는 사람들도 결과적으로는 인정할 수밖에 없는 현실이 되었다.

그렇다면 우리는 무엇을 해야 하는가? 테슬라에 투자해서 시가총액이 오르는 것을 흐뭇하게 바라만 보며 방관할 것인가? 아니면, 일론 머스크가 증명한 원리를 따라 각자의 자리에서 참여해 볼 것인가?

이러한 문제의식에서 접근한 우리의 첫 번째 시도가 윤지영의《Why》다. 주식으로 경제적 자유를 누리게 되든, 풍요로운 세상에서 물질적 자유를 누리게 되든, 인류는 이것으로 족한 것인가? 'Why'는 지금까지 채워 온 것을 비워 내는 작업이다. 돈과 직업, 시간, 그리고 존재에 대해 묻고 독자들이 비로소 각자의 '질문'을 시작할 수 있는 모멘텀이 되고자 했다. 그곳에 이미 답이, 각자의 'Why'가 잠자고 있기 때문이다.

두번째 시도가 이 책《테슬라 Why》다. 첫 번째 책은 개인을 중심으로 접근했다면, 두 번째 책은 한 기업을 중심으로 접근했다. 궁극에는 우리 모두의 일과 삶이 하나가 될 수 있기를 바란다. 그래서 '테슬라 Why'라는 제목은 이중적 의미를 내포하고 있다. "'왜' 테슬라일 수밖에 없는가, 그리고 테슬라의 '왜'가 무슨 일을 어떻게 하며 어디로 가고 있는가"라는 질문을 담고 있다. 다음 여정은 산업, 더 나아가 사회를 중심으로 접근할 예정이다. 이를 우리는 '존재 경영학'이라 이름 지었다.

프롤로그 왜 테슬라인가?

1   https://www.hankyung.com/it/article/2013102477461

2   https://www.joongang.co.kr/article/25046327

3   https://organicmedialab.com/2022/01/24/tesla-as-an-ai-company/

4   https://www.youtube.com/watch?v=P8Fq-1qdmLI

I   **PARADIGM** 테슬라는 자동차 기업이 아니다

1   https://x.com/elonmusk/status/1871107096122712450

2   https://read.amazon.com/kp/kshare?asin=B08W2GT1KH&id=l2hh5ptm3bf2ln
    6upa3tulxham

3   https://mashable.com/article/elon-musk-fixes-model-3-production-
    problems-more-humans

4   https://x.com/elonmusk/status/1532403096680288256

5   https://x.com/woodhaus2/status/1344804566827638786

6   https://driveteslacanada.ca/model-3/tesla-confirms-removal-of-radar-from-
    recent-model-3-y-builds-in-switch-to-tesla-vision/

7   https://www.youtube.com/watch?v=j0z4FweCy4M&t=5616s

8   https://www.forbes.com/sites/brookecrothers/2015/10/14/tesla-autopilot-
    version-7-with-fleet-as-network-drives-self-driving-future/

9 《오가닉 비즈니스》, 노상규, 오가닉미디어랩, 2016

10 https://organicmedialab.com/2023/05/10/collaborative-learning-engine/

11 https://organicmedialab.com/2023/05/10/collaborative-learning-engine/

12 https://organicmedialab.com/2023/02/15/tesla-agile-pace-of-innovation/

13 https://organicmedialab.com/2022/02/03/economics-of-infinite-scale-network/

14 https://seekingalpha.com/article/2501685-why-projections-for-tesla-to-sell-500000-cars-in-2020-are-absurd

15 https://x.com/elonmusk/status/1310486616075579393

16 https://www.reuters.com/business/autos-transportation/gm-says-it-plans-form-jv-build-na-battery-materials-plant-2021-12-01/

17 https://www.reuters.com/business/autos-transportation/volkswagen-sales-drop-tough-year-home-china-2025-01-14/

18 https://assets.bbhub.io/professional/sites/24/BNEF-Zero-Emission-Vehicles-Factbook_FINAL.pdf

19 https://www.cnbc.com/2021/07/13/volkswagen-wants-half-of-its-vehicle-sales-to-be-electric-by-2030.html

20 https://www.youtube.com/watch?v=Rdeiq-CXtos&t=215s

21 https://insideevs.com/news/533113/volkswagen-plans-to-top-tesla/

22 https://www.cnbc.com/2021/10/27/gm-can-absolutely-top-tesla-in-ev-sales-by-2025-says-ceo-mary-barra.html

23 https://cariad.technology/de/en/company.html

24 https://insideevs.com/news/666064/vw-cariad-new-ceo/

25 https://x.com/OlliOikarinen/status/1665609960577802242

26 https://organicmedialab.com/2023/02/15/tesla-agile-pace-of-innovation/

27 https://www.youtube.com/watch?v=laO0RzsDzfU

28 https://www.youtube.com/watch?v=T2rbdMlmpYY

29 https://www.youtube.com/watch?v=lB7e_ZMVsNg

30 https://www.youtube.com/watch?v=IR7igfp4os8

31 https://www.notateslaapp.com/news/642/how-tesla-s-add-a-stop-feature-waypoints-works

32 https://cleantechnica.com/2022/09/17/i-love-teslas-newish-blind-spot-camera-feature-can-we-get-one-more/

33 https://www.youtube.com/watch?v=DjZSZTKYEU4

34 https://www.notateslaapp.com/software-updates/history/

35 https://www.youtube.com/watch?v=8IhSWsQlaG8

36 http://www.geekmind.net/2012/07/steve-jobs-on-average-vs-best-software.html

37 https://en.wikipedia.org/wiki/The_Mythical_Man-Month

38 https://en.wikipedia.org/wiki/API

39 https://gist.github.com/chitchcock/1281611

40 https://organicmedialab.com/2023/02/15/tesla-agile-pace-of-innovation/

41 https://agilemanifesto.org/principles.html

42 〈정보의 4가지 특성〉, 《오가닉 비즈니스》, 노상규, 오가닉미디어랩, 2016

43 https://organicmedialab.com/2023/02/14/tesla-as-infinite-scale-network/

44 〈수익 모델의 3P〉, 《오가닉 비즈니스》, 노상규, 오가닉미디어랩, 2016

45 https://x.com/Tesla/status/1849180986342568116

46 https://www.notateslaapp.com/news/1181/how-tesla-s-fsd-beta-has-expanded-over-time

47 https://x.com/elonmusk/status/1665756914611806208?s=20

48 https://www.autotribune.co.kr/news/articleView.html?idxno=9925

49 https://media.ford.com/content/fordmedia/fna/us/en/news/2023/05/25/ford-ev-customers-to-gain-access-to-12-000-tesla-superchargers--.html

50 https://www.makeuseof.com/ccs-versus-tesla-nacs/

51 https://www.youtube.com/watch?v=9bBGfn1yrKo&t=1848s

52 〈안과 밖의 경계가 없는 시장에서 사업자는 누구인가?〉, 《오가닉 미디어》, 윤지영, 오가닉미디어랩, 2016

53 https://organicmedialab.com/2023/11/21/organic-energy-battery-networks/

54 〈넘버원이 아니라 온리원이다〉, 《오가닉 비즈니스》, 노상규, 오가닉미디어랩, 2016

55 〈넘버원이 아니라 온리원이다〉, 《오가닉 비즈니스》, 노상규, 오가닉미디어랩, 2016

56 https://organicmedialab.com/2018/08/28/4-types-of-organizations/

57 https://organicmedialab.com/2023/02/27/economics-of-tesla-mission/

58 〈바이럴은 과학이다〉, 《오가닉 비즈니스》, 노상규, 오가닉미디어랩, 2016

59 〈경험이 광고다: "아뇨, 우버를 불렀어요"〉, 《오가닉 마케팅》, 윤지영, 오가닉미디어랩, 2017

60 〈제품이 상점이다〉, 《오가닉 마케팅》, 윤지영, 오가닉미디어랩, 2017

61 〈네트워크의 4가지 속성〉, 《오가닉 미디어》, 윤지영, 오가닉미디어랩, 2016

62 〈출판은 매개다〉, 《오가닉 미디어》, 윤지영, 오가닉미디어랩, 2016

63 https://www.theverge.com/2013/9/25/4766878/jeff-bezos-interview-amazon-kindle-hdx

64 https://www.youtube.com/watch?v=iejPy8wiv40&t=410s

65 https://www.coxautoinc.com/market-insights/strong-finish-ev-sales-mark-new-record-in-fourth-quarter-of-2021/

66 https://www.coxautoinc.com/market-insights/strong-finish-ev-sales-mark-new-record-in-fourth-quarter-of-2021

67 https://www.coxautoinc.com/wp-content/uploads/2023/01/Kelley-Blue-Book-EV-Sales-and-Data-Report-for-Q4-2022.pdf

68 https://www.coxautoinc.com/market-insights/q4-2023-ev-sales/

69 https://www.cnbc.com/2021/10/27/gm-can-absolutely-top-tesla-in-ev-sales-by-2025-says-ceo-mary-barra.html

II PRODUCT 네트워크가 제품이다

1 https://x.com/MarioNawfal/status/1825605385400758640

2 https://x.com/MarioNawfal/status/1825605385400758640

3 https://www.notateslaapp.com/news/884/tesla-s-newest-safety-enhancement-predictive-vision-based-seat-belt-tensioning

4 https://www.tesla.com/ns_videos/2021-tesla-impact-report.pdf

5 https://x.com/elonmusk/status/1450868052040507392

6 https://teslamotorsclub.com/tmc/threads/fsd-timeline-promises-summary.235180/

7 https://www.startrek.com/en-un/series/star-trek-the-next-generation

8 https://en.wikipedia.org/wiki/Borg

9 https://www.youtube.com/watch?v=fCsfLCc4UzQ

10 https://www.tesla.com/VehicleSafetyReport

11 https://x.com/Tesla/status/1801366599880097874

12 https://x.com/elonmusk/status/1248142916918349825

13 https://www.levininjuryfirm.com/what-is-common-cause-car-accidents/

14 https://www.nhtsa.gov/risky-driving

15 https://www.tesla.com/master-plan-part-deux

16 https://www.linkedin.com/pulse/significance-battery-management-systems-bms-energy-storage-ricky-luo-aaipc/

17 https://www.quora.com/How-has-Teslas-battery-technology-evolved-over-the-years

18 https://www.youtube.com/live/Hl1zEzVUV7w?t=4435s

19 https://www.notateslaapp.com/news/2411/tesla-releases-fsd-v132-adds-ability-to-reverse-start-fsd-from-park-autopark-at-destination-and-much-more

20 https://digitalassets.tesla.com/tesla-contents/image/upload/IR/TSLA-Q3-2024-Update.pdf

21 https://www.tesla.com/master-plan-part-deux

22 https://x.com/i/grok/share/jqxdlYtPTOVXyiypq8wp8q4JO

23 https://www.youtube.com/watch?v=iYlQjINzO_o

24 https://hbr.org/2021/01/how-teslas-charging-stations-left-other-manufacturers-in-the-dust

25 https://www.youtube.com/live/Hl1zEzVUV7w?t=5979s

26 〈아마존은 어떻게 네트워크 효과를 극대화했나?〉, 《오가닉 비즈니스》, 노상규, 오가닉미디어랩, 2016

27 https://andrewchen.com/ubers-virtuous-cycle-5-important-reads-about-uber/

28 https://cleantechnica.com/2023/10/17/chargepoint-buys-itself-more-time-by-getting-investors-to-cut-it-some-slack/

29 https://www.reuters.com/business/autos-transportation/general-motors-drop-development-cruise-robotaxi-2024-12-10/

30 https://www.demandsage.com/uber-statistics/

31 https://x.com/DavidSacks/status/475073311383105536

32 https://andrewchen.com/ubers-virtuous-cycle-5-important-reads-about-uber/

33 https://x.com/boston_drives/status/1835692813230502204

34 https://andrewchen.com/wp-content/uploads/2016/01/effects_of_ubers_surge_pricing.pdf

35 https://www.demandsage.com/uber-statistics/

36 https://www.reuters.com/business/autos-transportation/alphabets-waymo-

expand-robotaxi-fleet-with-hyundai-evs-2024-10-04/

37 https://x.com/Waymo/status/1851365483972538407

38 https://www.youtube.com/live/6v6dbxPlsXs?&t=613

39 https://abovethecrowd.com/2014/07/11/how-to-miss-by-a-mile-an-alternative-look-at-ubers-potential-market-size/

40 https://x.com/AIDRIVR/status/1863042080651833621

41 https://waymo.com/blog/2020/10/waymo-is-opening-its-fully-driverless-service-in-phoenix

III ORGANIZATION 고객이 직원이다

1 https://youtu.be/oBklltKXtDE?t=535

2 https://organicmedialab.com/2022/08/06/organic-business-digital-quality-innovation-interview/

3 https://x.com/karpathy

4 https://www.youtube.com/watch?v=oBklltKXtDE&t=495s

5 https://driveteslacanada.ca/model-3/tesla-confirms-removal-of-radar-from-recent-model-3-y-builds-in-switch-to-tesla-vision/

6 https://www.youtube.com/watch?v=j0z4FweCy4M&t=5616s

7 https://www.youtube.com/watch?v=g6bOwQdCJrc&t=895s

8 https://organicmedialab.com/2023/02/15/tesla-agile-pace-of-innovation/

9 https://x.com/Tesla/status/1849180986342568116

10 https://www.youtube.com/watch?v=j0z4FweCy4M&t=5616s

11 https://www.youtube.com/live/ODSJsviD_SU?t=6095s

12 https://www.theverge.com/2016/10/19/13341194/tesla-autopilot-shadow-mode-autonomous-regulations

13 https://x.com/karpathy/status/1599852921541128194

14 https://www.teslarati.com/tesla-recall-2022-breakdown-misconceptions/

15 https://www.youtube.com/watch?v=Ucp0TTmvqOE&t=7714s

16 〈프롤로그: 왜 '왜(Why)'인가?〉, 《Why》, 윤지영, 이데아, 2024

17 https://www.youtube.com/live/Hl1zEzVUV7w?t=4435s

18 〈연결된 세상의 협업, 새로운 관계의 시작〉, 《오가닉 마케팅》, 윤지영, 오가닉미디어랩, 2017

19 〈컨텍스트란 무엇인가?〉, 《오가닉 마케팅》, 윤지영, 오가닉미디어랩, 2017

20 〈끊김이 없는 컨텍스트를 찾아서〉,《오가닉 마케팅》, 윤지영, 오가닉미디어랩, 2017

21 https://www.cloudflight.io/en/blog/learnings-from-the-digital-twins-data-architecture-of-tesla/

22 https://www.youtube.com/live/Hl1zEzVUV7w?t=4435s

23 https://x.com/karpathy/status/1599852921541128194

24 https://www.autopilotreview.com/tesla-hardware-4-rolling-out-to-new-vehicles/

25 https://www.reddit.com/r/TeslaLounge/comments/116yi0a/received_my_vehicle_data_report_from_tesla_after/

26 https://www.reddit.com/r/TeslaLounge/comments/1705o2n/an_example_of_a_tesla_vehicle_data_report_from_an/%E2%80%99/

27 https://www.youtube.com/watch?v=g6bOwQdCJrc&t=895s

28 https://www.youtube.com/live/ODSJsviD_SU?t=4783s

29 https://www.youtube.com/live/ODSJsviD_SU?t=6095s

30 https://www.thinkautonomous.ai/blog/tesla-end-to-end-deep-learning/

31 https://x.com/elonmusk/status/1697061938084118942

32 https://youtu.be/ODSJsviD_SU?t=9881

33 https://x.com/lonzaandrea/status/1611297663634341890

34 https://x.com/elonmusk/status/1412233344759201792

35 https://x.com/elonmusk/status/1248142916918349825

36 https://www.reuters.com/business/autos-transportation/gms-cruise-suspends-supervised-manual-car-trips-expands-probes-2023-11-15/

37 https://x.com/srho77/status/1763480166532259953?s=20

38 https://www.youtube.com/watch?v=VZCcpAoEmzc&t=3040s

39 https://www.reddit.com/r/TeslaLounge/comments/116yi0a/received_my_vehicle_data_report_from_tesla_after/

40 https://markets.businessinsider.com/news/stocks/elon-musk-tesla-auto-insurance-underwriting-warren-buffett-geico-bloomstran-2022-4

41 https://www.youtube.com/watch?v=e_OCFBl1r7U

42 https://x.com/karpathy/status/1528443124577513472

43 https://www.sigmoid.com/blogs/gpt-3-all-you-need-to-know-about-the-ai-language-model/

44 https://commoncrawl.org/

45 https://www.youtube.com/watch?v=RTRBqsnOKpY

46 https://x.com/elonmusk/status/1686513363495346178

47 https://www.youtube.com/watch?v=wWt2IPWwSww

48 https://en.wikipedia.org/wiki/Waymo

49 https://www.reuters.com/business/autos-transportation/investors-pull-away-gms-cruise-bet-2023-11-10/

50 https://www.reuters.com/business/autos-transportation/gms-cruise-suspends-supervised-manual-car-trips-expands-probes-2023-11-15/

51 https://www.reuters.com/business/autos-transportation/general-motors-drop-development-cruise-robotaxi-2024-12-10/

IV **PROCESS** 진화하지 않으면 죽는다

1 https://youtu.be/mgPz6fKgIJ0?t=3084

2 https://x.com/elonmusk/status/1045016610006654976

3 https://hbr.org/2018/05/a-40-year-debate-over-corporate-strategy-gets-revived-by-elon-musk-and-warren-buffett

4 https://www.youtube.com/watch?v=7KRNb34VpiU&t=209s

5 〈프롤로그: 왜 '왜(Why)'인가?〉, 《Why》, 윤지영, 이데아, 2024

6 https://organicmedialab.com/2023/02/27/economics-of-tesla-mission/

7 https://insideevs.com/news/558871/tesla-overcomes-supply-issues-prevails/

8 〈프롤로그: 왜 '왜(Why)'인가?〉, 《Why》, 윤지영, 이데아, 2024

9 https://organicmedialab.com/2023/02/14/tesla-as-infinite-scale-network/

10 https://organicmedialab.com/2015/06/23/network-is-eating-the-world-2/

11 https://www.tesla.com/master-plans

12 https://en.wikipedia.org/wiki/Principal%E2%80%93agent_problem

13 https://thinkgrowth.org/what-elon-musk-taught-me-about-growing-a-business-c2c173f5bff3

14 https://en.wikipedia.org/wiki/Empowerment

15 https://www.tesla.com/ko_KR/blog/standardizing-automotive-connectivity

16 https://youtu.be/MlzWtQmYQvU

17 Jeffrey Liker, *The Toyota Way*, McGraw Hill, 2004

18 https://continuousdelivery.com

19 https://www.cnbc.com/2020/12/01/elon-musk-warns-tesla-employees-stock-could-get-crushed-like-a-souffle-if-company-doesnt-ac.html

20 https://continuousdelivery.com

21 https://teslascope.com/software

22 https://youtu.be/_rySu6FZ18c?t=1537

23 https://www.youtube.com/live/Hl1zEzVUV7w?t=4555s

24 Joe Justice, *Scrum Master*, Agile Business Institute, 2021

25 https://www.youtube.com/watch?v=cIQ36Kt7UVg&t=227s

26 https://x.com/elonmusk/status/1669535552465412097

27 https://gist.github.com/chitchcock/1281611

28 https://x.com/JoeJustice/status/1630808008140918784

29 https://www.youtube.com/live/l6T9xIeZTds?t=4939

30 https://youtu.be/Rd9nIyr7RBA

31 https://www.ceconline.com/PDF/Tesla-Anti-Handbook-Handbook.pdf

V **BUSINESS** 무한 규모로 확장된다

1 https://insideevs.com/news/578756/tesla-musk-cyber-rodeo-age-of-abundance

2 〈정보는 세상의 중심이 되고 연결은 세상을 지배한다〉, 《오가닉 비즈니스》, 노상규, 오가닉미디어랩, 2016

3 〈무한한 시간: 한 방향의 마법〉, 《Why》, 윤지영, 이데아, 2024

4 〈아마존은 어떻게 네트워크 효과를 극대화했나?〉, 《오가닉 비즈니스》, 노상규, 오가닉미디어랩, 2016

5 https://organicmedialab.com/2022/08/06/organic-business-digital-quality-innovation-interview/

6 https://karpathy.medium.com/software-2-0-a64152b37c35#_=_

7 https://digitalassets.tesla.com/tesla-contents/image/upload/IR/TSLA-Q3-2024-Update.pdf

8 https://supercharge.info/data

9 〈아마존은 어떻게 네트워크 효과를 극대화했나?〉, 《오가닉 비즈니스》, 노상규, 오가닉미디어랩, 2016

10 https://www.statista.com/statistics/261531/general-motors-advertising-spending-in-the-us/

11 https://www.visualcapitalist.com/comparing-teslas-spending-on-rd-and-marketing-per-car-to-other-automakers/

12 https://www.youtube.com/watch?v=LLsWbYar7UQ

13 https://x.com/elonmusk

14 〈바이럴은 과학이다〉, 《오가닉 비즈니스》, 노상규, 오가닉미디어랩, 2016

15 〈정보의 4가지 특성〉, 《오가닉 비즈니스》, 노상규, 오가닉미디어랩, 2016

16 https://www.statista.com/statistics/264810/number-of-monthly-active-facebook-users-worldwide/

17 https://www.macrotrends.net/stocks/charts/GPI/group-1-automotive/gross-margin

18 https://www.macrotrends.net/stocks/charts/TSLA/tesla/gross-margin

19 https://organicmedialab.com/2023/07/16/tesla-virtuous-cycle-of-costs/

20 https://insideevs.com/news/630996/tesla-big-us-price-drop-2023/

21 https://organicmedialab.com/2022/01/10/curse-of-the-exponential/

22 https://news.samsung.com/kr/%EC%82%BC%EC%84%B1%EC%A0%84%EC%9E%90-%EA%B8%80%EB%A1%9C%EB%B2%8C-%EC%BB%A4%EB%AE%A4%EB%8B%88%EC%BC%80%EC%9D%B4%EC%85%98-%EB%A9%94%EC%8B%A0%EC%A0%80-%EC%B1%97%EC%98%A8chaton-%EA%B0%80%EC%9E%85

23 https://www.mk.co.kr/news/business/6466555

24 https://afdc.energy.gov/stations#/analyze

25 https://insideevs.com/news/656779/tesla-charging-supercharging-stats/

26 https://media.electrifyamerica.com/assets/documents/original/1018-2022NationalAnnualReport.pdf

27 https://media.electrifyamerica.com/assets/documents/original/1044-2022ElectrifyAmericaAnnualReporttoNationalPublicErrata.pdf

28 https://cleantechnica.com/2023/12/17/why-is-making-ev-fast-chargers-reliable-so-hard/

29 https://organicmedialab.com/2023/02/28/organic-business-why-why/

30 https://organicmedialab.com/2023/02/27/economics-of-tesla-mission/

31 https://insideevs.com/news/587352/tesla-modely-average-annual-mileage-us/

32 https://www.tesla.com/VehicleSafetyReport

33 https://www.tesla.com/support/insurance/tesla-real-time-insurance

34 https://www.tesla.com/support/insurance/tesla-real-time-insurance

35 〈아마존은 어떻게 네트워크 효과를 극대화했나?〉,《오가닉 비즈니스》, 노상규, 오가닉미디어랩, 2016

36 https://x.com/BLKMDL3/status/1405303343224745986

37 https://www.reuters.com/business/autos-transportation/elon-musks-embrace-advertising-tesla-grabs-marketers-attention-2023-05-17/

38 https://stockdividendscreener.com/auto-manufacturers/marketing-advertising-and-promotional-expenses-of-car-companies/

39 https://www.youtube.com/watch?v=MevKTPN4ozw&t=167s

40 https://www.forbes.com/sites/georgeanders/2012/04/04/bezos-tips/

41 https://stvp.stanford.edu/videos/viral-marketing/

42 https://www.youtube.com/watch?v=V6h_EDcj12k&t=780s

43 https://www.jato.com/resources/media-and-press-releases/tesla-model-y-worlds-best-selling-car-2023

44 https://www.reuters.com/business/autos-transportation/elon-musks-embrace-advertising-tesla-grabs-marketers-attention-2023-05-17/

45 https://electrek.co/2022/06/15/elon-musk-solving-self-driving-difference-between-tesla-worth-a-lot-or-nothing/

46 https://insideevs.com/news/670681/elon-musk-tesla-happy-to-license-autopilot/

47 〈버전과 번들의 경제학〉,《오가닉 비즈니스》, 노상규, 오가닉미디어랩, 2016

48 〈하지만 공짜 점심은 없다?〉,《오가닉 비즈니스》, 노상규, 오가닉미디어랩, 2016

49 https://www.pd.com.au/blogs/how-many-cars-in-the-world/

50 https://www.macrotrends.net/stocks/charts/TSLA/tesla/gross-margin

51 https://www.lemonde.fr/en/united-states/article/2023/04/21/tesla-triggers-new-electric-car-price-war_6023775_133.html

52 https://www.businessinsider.com/how-amazon-can-afford-to-charge-so-little-for-kindles-2012-9

에필로그 존재 경영학

1 https://youtu.be/YRvf00NooN8?t=3745